Gemeinsam den einen Glauben bekennen

Gemeinsam den einen Glauben bekennen

Eine ökumenische Auslegung
des apostolischen Glaubens,
wie er im Glaubensbekenntnis
von Nizäa-Konstantinopel (381) bekannt wird

Studiendokument
der
Kommission für Glauben und Kirchenverfassung

VERLAG OTTO LEMBECK FRANKFURT AM MAIN
BONIFATIUS DRUCK · BUCH · VERLAG PADERBORN

Englische Originalfassung: Confessing the One Faith. An Ecumenical Explication of the Apostolic Faith as it is Confessed in the Nicene-Constantinopolitan Creed (381). Faith and Order Paper No. 153, World Council of Churches, Geneva 1991

Deutsche Übersetzung: Sprachendienst des ÖRK und Renate Sbeghen (Anhänge)

Die Deutsche Bibliothek — CIP-Einheitsaufnahme

Gemeinsam den einen Glauben bekennen : eine ökumenische Auslegung des apostolischen Glaubens, wie er im Glaubensbekenntnis von Nizäa-Konstantinopel (381) bekannt wird ; Studiendokument der Kommission für Glauben und Kirchenverfassung / [dt. Übers.: Sprachendienst des ÖRK und Renate Sbeghen (Anh.)]. – Frankfurt am Main : Lembeck ; Paderborn : Bonifatius, 1991
    Einheitssacht.: Confessing the one faith <dt.>
    ISBN 3-87476-282-3 (Lembeck)
    ISBN 3-87088-692-7 (Bonifatius)
    NE: Sbeghen, Renate [Übers.]; World Council of Churches /
    Commission on Faith and Order; EST

2. Auflage 1993

ISBN 3-87476-282-3 (Verlag Otto Lembeck)
ISBN 3-87088-692-7 (Bonifatius)

© 1991 by Verlag Otto Lembeck, Frankfurt am Main

Gesamtherstellung: Druckerei und Verlag Otto Lembeck
Frankfurt am Main und Butzbach

Inhalt

Seite

Vorwort 7
Einleitung 9
Text der Glaubensbekenntnisse 18

Auslegung
Wir glauben 21

Teil I: Wir glauben an den einen Gott

A. Der eine Gott 23
B. Der allmächtige Vater 33
C. Der Schöpfer und seine Schöpfung 41

Teil II: Wir glauben an den einen Herrn Jesus Christus

A. Jesus Christus – Mensch geworden für unser Heil 49
B. Jesus Christus – für uns gelitten und gekreuzigt 60
C. Jesus Christus – auferstanden, um alle Mächte des Bösen zu
überwinden 69

**Teil III: Wir glauben an den Heiligen Geist, die Kirche und das Leben
der kommenden Welt**

A. Der Heilige Geist 79
B. Die eine, heilige, katholische und apostolische Kirche 86
C. Eine Taufe zur Vergebung der Sünden 95
D. Die Auferstehung der Toten und das Leben der kommenden Welt 101

Anhänge

1. Geschichtlicher Hintergrund des Studienprojekts über den
apostolischen Glauben 109
2. Glossar 116
3. Bibliographie 129
4. Liste der Teilnehmer/innen an den Konsultationen 133

Vorwort

„Das gemeinsame Bekenntnis des apostolischen Glaubens ist eine der wesentlichen Voraussetzungen und Ausdrucksformen der Einheit, die in unserer gemeinsamen ökumenischen Geschichte festgestellt worden sind..."
(Ständige Kommission für Glauben und Kirchenverfassung, Dunblane/Schottland, 1990)

Vor fast zehn Jahren hat die Kommission für Glauben und Kirchenverfassung in Lima/Peru (1982) offiziell mit einem neuen theologischen Studienprojekt für die nächsten Jahre begonnen: Auf dem Weg zu einem gemeinsamen Ausdruck des apostolischen Glaubens heute.

Seit der Veröffentlichung des Studiendokuments *Den einen Glauben bekennen* (1987)[1] in seiner vorläufigen Form hat das Sekretariat für Glauben und Kirchenverfassung eine beträchtliche Anzahl von Reaktionen, Stellungnahmen und Vorschlägen erhalten, die von Theologen, ökumenischen Instituten, theologischen Fakultäten, ökumenischen Konferenzen, kirchlichen Ausschüssen sowie von Ausschüssen für Glauben und Kirchenverfassung in nationalen Christenräten oder Mitgliedern der Kommission für Glauben und Kirchenverfassung ausgearbeitet worden waren.

Diese Stellungnahmen wurden sorgfältig gesichtet, untersucht und weiter entfaltet von der Leitungsgruppe, die während eines Zeitraums von drei Jahren eingehend am Text gearbeitet hat mit dem Ziel, ihn in einer vollkommen überarbeiteten Form zu veröffentlichen. Auf ihrer Sitzung in Dunblane/Schottland (1990) billigte die Ständige Kommission die überarbeitete Fassung und genehmigte ihre Veröffentlichung.

Diese gemeinsame Auslegung des apostolischen Glaubens ist nun der großen ökumenischen Familie zugänglich. Die Ständige Kommission hat beschlossen, dieses Dokument offiziell an die Kirchen zum weiteren Studium und zur Prüfung weiterzuleiten. Im Blick auf die geplante Fünfte Weltkonferenz von Glauben und Kirchenverfassung (1993) muß das vorliegende ökumenische Dokument eine wichtige Rolle in den Diskussionen spielen und Auswirkungen auf dieses bedeutende ökumenische Ereignis haben.

Die zehnjährige Arbeit an dieser Studie war von großen theologischen Anstrengungen bestimmt. Eine Reihe von internationalen Konsultationen und Tagungen wurden abgehalten. Am Prozeß waren Theologen verschiedener Konfessionen und Denominationen beteiligt, und er forderte viel Geduld sowie Opfer an Zeit und menschlicher Kraft. Wir glauben, daß diese Bemühungen vom Heiligen Geist geleitet wurden, der den Studienprozeß mit seiner göttlichen Kraft und Gnade erfüllt hat.

Das Zusammenkommen aller Christen in einer authentischen *Gemeinschaft* des Glaubens, des evangelischen Lebens und der Mission erfordert ein gemeinsames Bekenntnis des apostolischen Glaubens. Wie viele Antworten auf das Lima-Doku-

---

[1] Vgl. Den einen Glauben bekennen, Faith and Order Paper Nr. 140 (vervielfältigt), ÖRK, Genf 1988.

7

ment „Taufe, Eucharistie und Amt" gezeigt haben, können Christen nicht wahrhaft geeint sein, wenn sie nicht untereinander denselben apostolischen Glauben anerkennen, der in Wort und Tat bezeugt wird. Das Dokument *Den einen Glauben bekennen*[2] dient als ein Instrument, die Kirchen zu einem gemeinsamen Verständnis dieses Glaubens zu führen, der in der Feier der Taufe und der Eucharistie bekannt und durch die missionarische Arbeit aller christlichen Gemeinschaften verkündet werden muß.

Wir danken allen, die zur Erarbeitung dieses Dokuments beigetragen haben, der Kommission für Glauben und Kirchenverfassung und vor allem den Mitgliedern der Leitungsgruppe für die Studie über den apostolischen Glauben (1984-1990); ohne ihren unermüdlichen Einsatz wäre das Dokument nicht zustande gekommen.

Unser ganz besonderer Dank gilt dem Direktor des Sekretariats, Dr. Günther Gaßmann, sowie den verantwortlichen Mitarbeitern im Stab: Dr. Hans-Georg Link (1982 bis Juli 1986), Archimandrit Dr. Gennadios Limouris (seit Juli 1986) und Frau Renate Sbeghen für ihre vorbildhafte Mitarbeit und ihren unermüdlichen administrativen Einsatz – sie alle haben in einem Geist der Gemeinschaft und mit tiefem ökumenischem Engagement für die Einheit der Kirche gearbeitet. Die Anhänge wurden von Dr. G. Limouris zusammengestellt.

Genf, 1991

Jean-Marie Tillard OP
Vorsitzender der Leitungsgruppe für die Studie über den apostolischen Glauben

---

[2] Anm. des Übers.: Im Deutschen unterscheidet sich der Titel des überarbeiteten Dokuments nicht von dem früheren; im englischen Original lautet der Titel des Studiendokuments jetzt „Confessing *the* One Faith" im Vergleich zu „Confessing One Faith".

Einleitung

A. Das Ziel der sichtbaren Einheit

1. Hauptaufgabe und Zielsetzung des Ökumenischen Rates der Kirchen ist es, „die Kirchen zum Ziel der sichtbaren Einheit in einem Glauben und einer eucharistischen Gemeinschaft aufzurufen" (Verfassung des ÖRK, III,1). Drei wesentliche Voraussetzungen und Elemente sichtbarer Einheit sind herausgestellt worden:

- das gemeinsame Bekenntnis des apostolischen Glaubens,
- die gegenseitige Anerkennung von Taufe, Eucharistie und Amt,
- gemeinsame Strukturen für Zeugnis und Dienst sowie für Entscheidungsfindung und autoritatives Lehren.

Das Lima-Dokument über *Taufe, Eucharistie und Amt*[1] und die Antworten der Kirchen auf den Text haben bereits einen Beitrag zum zweiten wesentlichen Element der sichtbaren Einheit geleistet. Das neue gegenwärtige Studienprojekt von Glauben und Kirchenverfassung soll den Kirchen helfen, auf das gemeinsame Bekennen des apostolischen Glaubens zuzugehen.

B. Auf dem Weg zum gemeinsamen Ausdruck des apostolischen Glaubens heute: Das Studienprojekt

2. Die ersten Schritte zur Erarbeitung des Projekts wurden 1978 im Rahmen der Tagung der Kommission für Glauben und Kirchenverfassung in Bangalore unternommen. Auf den Tagungen in Lima 1982 und in Stavanger 1985 wurde dem Studienprojekt eine klarere Ausrichtung gegeben.

3. Der Titel des Studienprojekts „Auf dem Weg zu einem gemeinsamen Ausdruck des apostolischen Glaubens heute" bezieht sich zunächst auf die ökumenische Verpflichtung, auf ein gemeinsames Bekennen des apostolischen Glaubens zuzugehen, der in der Heiligen Schrift bezeugt und in den Glaubensbekenntnissen der Alten Kirche zusammengefaßt ist. Dieser Glaube sollte heute gemeinsam *zum Ausdruck gebracht werden:* Er sollte *gemeinsam* bezeugt, bekannt und gefeiert werden (sowohl gemeinschaftlich als auch gemeinsam als Kirchen verschiedener Traditionen). Der Glaube muß in unterschiedlichen Situationen und in bezug auf die Herausforderungen der heutigen Welt bekannt werden.

4. Das Studienprojekt über den apostolischen Glauben will den Bemühungen der Kirchen dienen, ihre sichtbare Einheit zu manifestieren und auch ihre Berufung zu erfüllen, ihren Glauben in gemeinsamer Sendung und gemeinsamem Dienst in der Welt zu bekennen. Wie die Vollversammlung des ÖRK es 1983 in Vancouver ausdrückte, „... würden die Kirchen ein gemeinsames Verständnis des apostolischen Glaubens miteinander teilen und wären fähig, diese Botschaft den Menschen ihrer

---

[1] Taufe, Eucharistie und Amt, Frankfurt/M. u. Paderborn [11]1987.

Zeit gemeinsam auf verständliche, versöhnende und befreiende Weise zu bekennen"[2]. Das Studienprojekt hat nicht die Absicht, ein neues ökumenisches Glaubensbekenntnis zu formulieren.

5. Um ihrem Auftrag gerecht zu werden, müssen die Kirchen, die verschiedenen christlichen Traditionen angehören und in unterschiedlichen kulturellen, gesellschaftlichen, politischen und religiösen Kontexten leben, sich ihre gemeinsame Basis im apostolischen Glauben neu aneignen, damit sie ihren Glauben gemeinsam bekennen können. Indem sie dies tun, werden sie ein gemeinsames Zeugnis vom Heilsplan des dreieinigen Gottes für die ganze Menschheit und die ganze Schöpfung ablegen. Der apostolische Glaube muß im Kontext sich wandelnder Zeiten und sich verändernder örtlicher Gegebenheiten stets neu bekannt und ausgelegt werden: Er muß in Kontinuität mit dem ursprünglichen Zeugnis der apostolischen Gemeinschaft und mit der getreuen Auslegung jenes Zeugnisses durch die Jahrhunderte stehen.

6. Die Einheit der Kirchen erfordert gegenseitiges Vertrauen. In der vollen Gemeinschaft, die die Kirchen erstreben, muß jede Kirche in der Lage sein, in der anderen die Fülle des apostolischen Glaubens zu erkennen. Dies bedeutet nicht eine völlig identische Auslegung des apostolischen Glaubens. Ein bestimmter Grad der Einmütigkeit ist jedoch erforderlich für die gegenseitige Anerkennung des apostolischen Glaubens, während ein bestimmtes Maß an unterschiedlicher Auslegung des Glaubens möglich ist.

7. Der Begriff *„apostolischer Glaube"*, wie er in dieser Studie verwendet wird, bezieht sich nicht nur auf eine einzige festgelegte Formel oder auf eine bestimmte Phase der christlichen Geschichte. Er verweist vielmehr auf die dynamische Wirklichkeit des christlichen Glaubens. Der Glaube ist gegründet im prophetischen Zeugnis des alttestamentlichen Bundesvolkes und im maßgebenden neutestamentlichen Zeugnis der Apostel und derer, die zusammen mit ihnen das Evangelium in den Anfängen (der apostolischen Zeit) verkündeten, und im Zeugnis ihrer Gemeinschaft. Der apostolische Glaube wird im Bekenntnis, in der Verkündigung, im Gottesdienst und in den Sakramenten der Kirche sowie in den bekenntnishaften Formularen, Konzilsbeschlüssen und konfessionellen Texten und im Leben der Kirche zum Ausdruck gebracht. In ihrem Bemühen um Klärung des Glaubens hat die theologische Reflexion der bekennenden Gemeinschaft immer einen Dienst getan.

8. Die zentralen Aussagen des apostolischen Glaubens wurden in besonderer Weise in den bekenntnishaften Formularen der Alten Kirche zusammengestellt. Diese alten Glaubensbekenntnisse werden im Kontext des Glaubenslebens vieler Kirchen weiterhin verwendet. Das gilt in ganz besonderer Weise für das Ökumenische Bekenntnis von Nizäa-Konstantinopel (381) im Unterschied zu anderen Glaubensbekenntnissen mit regionaler Gültigkeit. Und auch in solchen Kirchen, in denen die alten Bekenntnisse nicht regelmäßig verwendet werden, wird der Glaube, den sie bezeugen, bekannt und gelebt.

---

[2] Bericht aus Vancouver 1983, hrsg. von Walter Müller-Römheld, Frankfurt/M. 1983, 71.

9. Die Studie über den apostolischen Glauben steht in Verbindung zu den anderen beiden großen Studienprogrammen von Glauben und Kirchenverfassung. Sie bemüht sich um eine breitere Basis und einen weiteren Rahmen für das Lima-Dokument mit seiner ekklesiologischen Konzentration auf *„Taufe, Eucharistie und Amt"* und nimmt Einsichten aus diesem Text und aus den Stellungnahmen der Kirchen auf. Die zentrale ekklesiologische Sicht der Studie über *„Die Einheit der Kirche und die Erneuerung der menschlichen Gemeinschaft"* wird verstärkt werden durch die breitere trinitarische Sicht des Heilshandelns Gottes in Schöpfung, Erlösung und Vollendung, wie sie in der Studie über den apostolischen Glauben dargelegt wird. Im Blick auf Herausforderungen der Gegenwart wird die Studie über den apostolischen Glauben sich durch die Überlegungen der Studie über Einheit/Erneuerung zu der spezifischen Situation der menschlichen Gebrochenheit und ihrem Schrei nach Erneuerung bereichern lassen.

C. Die Methode des Studienprojekts

I. Auslegung

10. Die Kommission für Glauben und Kirchenverfassung beschloß 1982 in Lima, diese Studie über den apostolischen Glauben unter drei Aspekten zu erarbeiten: *gemeinsame Anerkennung, Auslegung* und *gemeinsames Bekenntnis des apostolischen Glaubens*. Aber später, im Rahmen einer Konsultation in Rom im Oktober 1983, gelangte man zu der Auffassung, daß die *Auslegung* der Ansatzpunkt und ein besonderer Schwerpunkt der Studie sein sollte, weil sie die Voraussetzung für das Erreichen des Ziels eines gemeinsamen Anerkennens und Bekennens des apostolischen Glaubens in unserer Zeit ist.

11. Die Auslegung ist darum bemüht, die Relevanz von Grundüberzeugungen des christlichen Glaubens angesichts einiger besonderer Herausforderungen unserer Zeit und Welt aufzuzeigen. Es geht ihr darum, *grundlegende* Einsichten, die von Christen aus unterschiedlichen Traditionen verstanden und angenommen werden können, aufzunehmen und zu formulieren. Sie erhebt aber nicht den Anspruch, alle theologischen Differenzen zu lösen. Sie integriert biblische, historische und gegenwärtige Perspektiven und setzt Lehraussagen zu einer Reihe von aktuellen Problemen in Beziehung.

12. Die Kommission für Glauben und Kirchenverfassung beschloß, das *Glaubensbekenntnis von Nizäa-Konstantinopel aus dem Jahr 381* [1] als theologisches und methodologisches Werkzeug zu benutzen, um die zu explizierenden Grundlagen des apostolischen Glaubens herauszustellen. Dieses Glaubensbekenntnis

— ist mehr als jedes andere Glaubensbekenntnis weltweit als ein normativer Ausdruck des wesentlichen Inhalts des apostolischen Glaubens angenommen worden,

---

[1] Im folgenden wird das „Glaubensbekenntnis von Nizäa-Konstantinopel (381)" als „Nizänum" bezeichnet.

– ist Teil des geschichtlichen Erbes der heutigen Christenheit,

– ist durch die Jahrhunderte hindurch liturgisch verwendet worden, um den einen Glauben der Kirche zum Ausdruck zu bringen.

Das Nizänum kann somit anzeigen, ob der Glaube, wie er in der heutigen Welt zum Ausdruck gebracht wird, derselbe Glaube ist wie derjenige, den die Kirche durch die Jahrhunderte hindurch bekannt hat.

13. Die sogenannten „nicht bekenntnisgebundenen Kirchen" sind besonders aufmerksam gegenüber den Gefahren von Bekenntnisformeln gewesen. Solche Formeln entarten leicht zu einem Formalismus auf Kosten des Wesens des Glaubens als persönliches Bekenntnis und persönliche Verpflichtung. Sie können auch mißbraucht werden, wenn ihre Annahme Menschen unter Verletzung ihres Gewissens aufgezwungen wird. Die Tatsache, daß Glauben und Kirchenverfassung sich für das Nizänum als Grundlage dieser Studie entschieden hat, bedeutet nicht, daß von den bekenntnislosen Kirchen verlangt werden soll, für ihren regulären Gottesdienst das Nizänum oder irgendeine andere Bekenntnisformel anzunehmen und zu verwenden. Dennoch ist zu hoffen, daß Vertreter dieser Kirchen – in der Annahme, daß diese den im Nizänum ausgedrückten Glauben teilen – zumindest bei besonderen Gelegenheiten das Nizänum mitsprechen können als ein Zeugnis ihrer Gemeinschaft im Glauben der einen, heiligen, katholischen und apostolischen Kirche.

14. Das Nizänum ist nur eins unter vielen Glaubensbekenntnissen, die seit neutestamentlicher Zeit für die Kirche als notwendig zur Formulierung und Anerkennung ihres Glaubens erkannt worden sind. Glaubensbekenntnisse fassen in konzentrierender Weise den wesentlichen Inhalt des Glaubens zusammen. Viele von ihnen sind in enger Verbindung mit der Taufe entwickelt worden.

15. In der Taufe wird ein Bekenntnis des Glaubens gemäß dem trinitarischen Inhalt des Glaubens der Gemeinschaft (regula fidei) abgelegt, das gleichzeitig von der Gemeinschaft anerkannt wird. Das Bekennen des Glaubens geschieht auch in jenen Kirchen, die offiziell nicht die Worte des Nizänums benutzen, wenn das Taufbekenntnis andere von der Kirche autorisierte Formeln verwendet. Auch hier verbindet das Taufbekenntnis den Glauben der Getauften mit dem gemeinsamen Glauben der Kirche durch die Jahrhunderte. Derselbe Glaube wird auch in der eucharistischen Liturgie durch das Sprechen von Glaubensbekenntnissen zum Ausdruck gebracht.

16. Das Nizänum ist ein konziliares Bekenntnis, das durch seine breite Aufnahme zum ökumenischen Symbol der Einheit der Kirche im Glauben wurde. Diese Funktion des Nizänums als ein ökumenisches Symbol wurde bereits 1927 von Glauben und Kirchenverfassung anerkannt. Während das sogenannte Apostolische Glaubensbekenntnis nur im christlichen Westen angenommen und verwendet worden ist, vereint das Nizänum alle Teile der christlichen Kirche im Osten und im Westen.

17. Die Aussagen des Nizänums sind im Zeugnis der Heiligen Schrift verwurzelt und müssen im Kontext der Tradition der Kirche an der Schrift gemessen und in ihrem Lichte ausgelegt werden. Dementsprechend wird die Auslegung sich darum bemühen, auf die Frage zu antworten, in welchem Maße und in welcher Form die Grundaussagen des apostolischen Glaubens, wie sie in der Heiligen Schrift bezeugt, in der Tradition der Kirche verkündigt und im Glaubensbekenntnis zum Ausdruck gebracht werden, von Kirchen aus verschiedenen konfessionellen Traditionen und unterschiedlichen kulturellen, sozialen, wirtschaftlichen, politischen und religiösen Kontexten gemeinsam verstanden und ausgedrückt werden können.

II. Anerkennung

18. Der Prozeß der Anerkennung impliziert, daß die Kirchen dazu aufgerufen sind,

– den apostolischen Glauben im eigenen Leben und in der eigenen Praxis anzuerkennen,

– die Notwendigkeit der Umkehr (metanoia) und der Erneuerung anzuerkennen, wo sie sehen, daß sie dem apostolischen Glauben nicht treu sind,

– andere Kirchen als Kirchen, in denen der apostolische Glaube verkündigt und bekannt wird, anzuerkennen.

19. Somit ist *Den einen Glauben bekennen* nicht als ein Konvergenz- oder gar Konsensusdokument gedacht, das als solches eine Grundlage bieten würde für das gemeinsame Anerkennen und Bekennen des apostolischen Glaubens als ein wesentliches Element der sichtbaren Einheit unter den Kirchen. Dieses Studiendokument sollte vielmehr als ein Werkzeug verstanden werden, das den Kirchen helfen soll, sich gemeinsam auf den apostolischen Glauben zu konzentrieren und über ihn nachzudenken. Eine solche theologische Arbeit sollte zu einem neuen Verständnis des apostolischen Glaubens und damit zu einem gemeinsamen Anerkennen und Bekennen dieses Glaubens heute führen.

20. Anerkennung hat daher in diesem Studienprozeß eine sehr spezifische Bedeutung. Jede einzelne Kirche muß sich zunächst dessen bewußt werden, wie sehr sie in ihrem eigenen Leben und Engagement dem apostolischen Glauben treu ist und in welchem Maße sie ihn in Wort und Tat bekennt. Gleichzeitig muß jede Kirche, die sich der sichtbaren Einheit verpflichtet weiß, die Treue zum apostolischen Glauben in den Bekenntnisschriften, im liturgischen Leben und Zeugnis und in der Verkündigung und Praxis anderer Kirchen erkennen können. Bilaterale und multilaterale Dialoge bieten Wege hin zu diesem wechselseitigen Erkennen, die zu Akten gemeinsamer Anerkennung des apostolischen Glaubens führen.

21. Obwohl der historische Kontext der Formulierung des Nizänums weit von unserem gegenwärtigen Kontext entfernt ist, bleibt dieses Bekenntnis dennoch ein höchst angemessener Text, um jeder Kirche zu helfen, in der je besonderen Situation ihrer Zeit und ihrer Lebensumstände den unverändert bleibenden Glauben der Kirche zu erkennen.

III. Bekenntnis

22. Gemeinsames Bekennen des apostolischen Glaubens ist eine der drei wesentlichen Voraussetzungen sichtbarer Einheit. Gemeinsame Auslegung und Anerkennung des apostolischen Glaubens eröffnen den Weg und bieten eine Basis für ein gemeinsames Bekennen dieses selben Glaubens. Dieses Bekenntnis wird letztlich die wechselseitige Anerkennung von Taufe, Eucharistie und Amt sowie gemeinsamer Strukturen für Entscheidungsfindung und verbindliches Lehren erfordern. In einem solchen Bekenntnis werden die Kirchen gemeinsam voller Freude ihren einen Gott, Vater, Sohn und Heiligen Geist als die einzige Quelle ihres Lebens und ihrer Hoffnung preisen. In einem solchen gemeinsamen Bekenntnis werden sie auch miteinander auf die Herausforderungen antworten, mit denen sie in spezifischen Situationen und in unserer Welt als ganzer konfrontiert werden.

23. Schon jetzt sind Vertreter/innen der Kirchen in der Lage, ihren Glauben gemeinsam auszusprechen, wenn sie bei ökumenischen Gottesdiensten zusammenkommen. Sie sprechen gemeinsam das Nizänische oder das Apostolische Glaubensbekenntnis oder bekennen ihren Glauben auf eine andere Weise. Dies ist ein Ausdruck ihrer bereits bestehenden, in Christus geschenkten Einheit. Doch dieser Einheit steht als Widerspruch der Mangel an sichtbarer Gemeinschaft gegenüber; in vielen Fällen gehören diejenigen, die ihren Glauben gemeinsam aussprechen, Kirchen an, die noch voneinander getrennt sind.

24. Akte gemeinsamen Bekennens sind daher eine Herausforderung und eine Ermutigung für die Kirchen, ihre Treue zum apostolischen Glauben zu vertiefen und dadurch einander näherzukommen. Diese Bewegung muß von anderen Bemühungen um sichtbare Einheit in der Form des theologischen Dialogs und gemeinsamer Verpflichtung gegenüber Gottes Willen für die Menschheit begleitet werden.

25. Sich im Namen der Kirchen an Akten gemeinsamen Bekennens, besonders bei der Eröffnung eines Konzils, zu beteiligen bedeutet mehr als ein Handeln als Einzelperson, wie es bereits bei ökumenischen Versammlungen geschieht. Es erfordert das Vertrauen, daß alle Kirchen, die von den Teilnehmern/innen beim Sprechen des Glaubensbekenntnisses vertreten werden, denselben Glauben zum Ausdruck bringen. Es ist der Zweck dieser gemeinsamen Auslegung des Nizänums, das wechselseitige Vertrauen zu stärken, damit allen Kirchen geholfen werden kann, in den anderen den apostolischen Glauben zu erkennen.

26. Wenn die Kirchen als Ergebnis dieser umfassenderen Bewegung in der Lage sind, ihren Glauben gemeinsam zu bekennen, wird dies einen wesentlichen und integralen Ausdruck der von uns erstrebten Einheit darstellen. Vereint in *einer* eucharistischen Gemeinschaft und verbunden durch gemeinsame Bande der Gemeinschaft werden sie gegenüber den brennenden Problemen der Menschheit mit einer Stimme sprechen können. Dann werden sie ihren Glauben gemeinsam als Teil ihres gemeinsamen Lebens und Zeugnisses bekennen.

27. Ein solches gemeinsames Bekenntnis im Kontext eines miteinander geteilten Lebens wird vor Gott geschehen. Gleichzeitig wird es zur entscheidenden Quelle für ein glaubwürdiges – weil einmütiges – Zeugnis in der Welt werden. Und im tiefsten Sinne würde es zu einem Zeichen werden, das auf Gottes Willen hinweist, daß alle Menschen in Christus versöhnt und schließlich in Gottes Reich hineingenommen werden, wenn alle Gott ohne Ende bekennen und preisen werden.

D. Ein Werkzeug der Anerkennung: Den einen Glauben bekennen

I. Die Entstehung des Textes

28. Das Studiendokument *Den einen Glauben bekennen* ist seit 1981/1982 in einer Reihe von internationalen Konsultationen, von ausführlichen Diskussionen auf den Tagungen der Kommission für Glauben und Kirchenverfassung 1985 in Stavanger/Norwegen und 1989 in Budapest/Ungarn und auf den Tagungen der Ständigen Kommission für Glauben und Kirchenverfassung und vor allem von der für diese Studie verantwortlichen Leitungsgruppe[1] erarbeitet worden.

29. Die erste Etappe dieser Arbeit führte zu dem vorläufigen Studiendokument „*Den einen Glauben bekennen*", das 1987 (Faith and Order Paper No. 140) veröffentlicht wurde. Zu diesem Text ist eine beträchtliche Zahl von Stellungnahmen von Einzelpersonen, Tagungen und Kommissionen in Kirchen und ökumenischen Organisationen und von theologischen Fakultäten eingegangen. Diese Stellungnahmen, eine Reihe von weiteren Konsultationen und Erörterungen in der Ständigen Kommission und der Plenarkommission kennzeichneten die zweite Etappe dieser Arbeit, die zu einer gründlichen Überarbeitung des Dokuments durch die Leitungsgruppe führte. Mit Billigung der Ständigen Kommission (1990) wird das überarbeitete Dokument nun veröffentlicht mit dem im Englischen leicht veränderten Titel *Confessing* the *one faith* – Den einen Glauben bekennen, um zu unterstreichen, daß es hier um den *einen* Glauben der Kirche durch die Jahrhunderte geht. In einigen Übersetzungen der früheren Version (wie der deutschen) war dieser Akzent bereits deutlich.

30. Wie beim Lima-Prozeß und den Antworten der Kirchen auf das Lima-Dokument wurde festgestellt, daß für einige Regionen der Welt besondere Schwierigkeiten

---

[1] Siehe die Anhänge 1 und 3.

bestehen, z. B. in bezug auf Sprache und Übersetzung. Um die Beteiligung an der Studie über den apostolischen Glauben und *Den einen Glauben bekennen* zu verbreitern, billigte die Ständige Kommission 1990 auf ihrer Tagung in Dunblane die Vorbereitung einer (kurzen) „Studienanleitung", die bis 1992 fertiggestellt sein wird.

31. Diese gemeinsame Auslegung ist ein theologisches Dokument, das in einer affirmativen und auslegenden Form formuliert worden ist. Es richtet sich an alle Kirchen und in ihnen ganz besonders an diejenigen, die besondere Verantwortung dafür tragen, den Glauben der Kirche zu lehren. Es will ihnen helfen, auf die gemeinsame Anerkennung und das gemeinsame Bekenntnis des apostolischen Glaubens heute zuzugehen.

II. Die Struktur des Textes

32. *Den einen Glauben bekennen* ist entsprechend den drei Artikeln des Glaubensbekenntnisses in drei *Teile* gegliedert. Jeder Teil besteht aus Abschnitten, die sich auf die Hauptthemen jedes Artikels konzentrieren. Die weiteren Unterteilungen entsprechen spezifischen Formulierungen im Text des Glaubensbekenntnisses, die einer Auslegung bedürfen.

33. Jeder *Abschnitt* beginnt mit einleitenden Paragraphen, die auf Grundaussagen sowie wesentliche Herausforderungen in bezug auf das jeweilige Thema hinweisen. Bei der Identifizierung dieser Herausforderungen werden die folgenden drei entscheidenden Faktoren besonders beachtet:

— Die Sprache und Denkweise der Zeit, in der die Glaubensbekenntnisse formuliert wurden, entsprechen nicht mehr der heutigen Zeit.

— In vielen Kulturen wird der Einfluß alter und neuer Religionen immer stärker bekräftigt und geachtet.

— In modernen Gesellschaften werden viele der Grundüberzeugungen des christlichen Glaubens, insbesondere durch den Säkularisierungsprozeß, in Frage gestellt.

Unterabschnitt I enthält historische und biblische Interpretationen. Am Anfang werden hier die betreffenden Passagen des Nizänischen und des Apostolischen Glaubensbekenntnisses zitiert. Darauf folgen einige erläuternde Anmerkungen zu den Formulierungen des Credo und abschließend einige biblische Aspekte, die für die jeweiligen Themen grundlegend sind.

Unterabschnitt II konzentriert sich auf die „Auslegung für heute". Sie beginnt mit den Aussagen des Bekenntnisses und erstrebt eine zutreffende Auslegung der in ihrem historischen Kontext benutzten Worte. Doch dabei wird versucht, ein für die heutige Zeit verständliches Vokabular zu benutzen. Auch wenn die historischen Quellen niemals zitiert werden, wurden sie doch stets mit bedacht. So folgt die Auslegung den Formulierungen des Nizänischen Glaubensbekenntnisses, verbindet das Thema dann mit Herausforderungen der Gegenwart, um den betreffenden Aspekt des apostolischen Glaubens für unsere heutige Zeit zu interpretieren.

34. An einigen Stellen werden *Kommentare* angefügt. Sie enthalten entweder zusätzliche historische Hintergrundinformation oder theologische Einzelfragen oder einige umstrittene Themen. Die *Kursivstellen* verweisen auf die in den jeweiligen Paragraphen behandelten Themen, manchmal auch auf den zentralen Punkt der Auslegung. Die Paragraphen der gesamten Auslegung sind *durchnumeriert,* um Verweise zu erleichtern.

Anhänge

Im letzten Teil finden sich Anhänge mit einem historischen Überblick über die Studie, ein Glossar, das für diejenigen hilfreich sein kann, denen einige Fachbegriffe nicht vertraut sind, und das für weitere Verwendung eine historische, theologische oder ökumenische Bedeutung aufzeigen kann, sowie eine Liste der Konsultationen und Tagungen, die mit dem ganzen Studienprozeß verbunden waren (einschließlich einer Liste derjenigen Personen, die an diesen Tagungen teilgenommen und dazu beigetragen haben). Die kurze ausgewählte Bibliographie bezieht sich ausschließlich auf das Studienprogramm des apostolischen Glaubens und enthält vorwiegend Publikationen des ÖRK. Die Anhänge wurden von Dr. Gennadios Limouris vorbereitet.

Glaubensbekenntnis

Πιστεύομεν εἰς ἕνα Θεόν,
πατέρα παντοκράτορα,
ποιητὴν οὐρανοῦ καὶ γῆς,
ὁρατῶν τε πάντων καὶ ἀοράτων·

5 καὶ εἰς ἕνα κύριον Ἰησοῦν Χριστόν,
τὸν υἱὸν τοῦ Θεοῦ τὸν μονογενῆ,
τὸν ἐκ τοῦ πατρὸς γεννηθέντα πρὸ πάντων τῶν αἰώνων,
φῶς ἐκ φωτός,
Θεὸν ἀληθινὸν ἐκ Θεοῦ ἀληθινοῦ,
10 γεννηθέντα οὐ ποιηθέντα,
ὁμοούσιον τῷ πατρί,
δι' οὗ τὰ πάντα ἐγένετο.

τὸν δι' ἡμᾶς τοὺς ἀνθρώπους καὶ διὰ τὴν ἡμετέραν σωτηρίαν
κατελθόντα ἐκ τῶν οὐρανῶν
15 καὶ σαρκωθέντα ἐκ πνεύματος ἁγίου
καὶ Μαρίας τῆς παρθένου,
καὶ ἐνανθρωπήσαντα,
σταυρωθέντα τε ὑπὲρ ἡμῶν ἐπὶ Ποντίου Πιλάτου
καὶ παθόντα καὶ ταφέντα
20 καὶ ἀναστάντα τῇ τρίτῃ ἡμέρᾳ
κατὰ τὰς γραφάς,
καὶ ἀνελθόντα εἰς τοὺς οὐρανούς,
καὶ καθεζόμενον ἐν δεξιᾷ τοῦ πατρός,
καὶ πάλιν ἐρχόμενον μετὰ δόξης κρῖναι ζῶντας καὶ νεκρούς,
25 οὗ τῆς βασιλείας οὐκ ἔσται τέλος·

καὶ εἰς τὸ πνεῦμα τὸ ἅγιον,
τὸ κύριον καὶ ζωοποιόν,
τὸ ἐκ τοῦ πατρὸς ἐκπορευόμενον,
τὸ σὺν πατρὶ καὶ υἱῷ συμπροσκυνούμενον καὶ συνδοξαζόμενον,
30 τὸ λαλῆσαν διὰ τῶν προφητῶν.
Εἰς μίαν ἁγίαν καθολικὴν καὶ ἀποστολικὴν ἐκκλησίαν.
Ὁμολογοῦμεν ἓν βάπτισμα εἰς ἄφεσιν ἁμαρτιῶν.
Προσδοκῶμεν ἀνάστασιν νεκρῶν
καὶ ζωὴν τοῦ μέλλοντος αἰῶνος. Ἀμήν.

Griechischer Text in: Enchiridion Symbolorum, Definitionum et Declarationum de Rebus Fidei et Morum, Hg. H. Denzinger / A. Schönmetzer, Freiburg 1963, S. 66, Nr. 150.

18

von Nizäa-Konstantinopel (381)

Wir glauben an den einen Gott,
den Vater, den Allmächtigen,
der alles geschaffen hat, Himmel und Erde,
die sichtbare und die unsichtbare Welt.

5 Und an den einen Herrn Jesus Christus,
Gottes eingeborenen Sohn,
aus dem Vater geboren vor aller Zeit:
Licht vom Licht,
wahrer Gott vom wahren Gott,
10 gezeugt, nicht geschaffen,
eines Wesens mit dem Vater;
durch ihn ist alles geschaffen.

Für uns Menschen und zu unserm Heil
ist er vom Himmel gekommen,
15 hat Fleisch angenommen durch den Heiligen Geist
von der Jungfrau Maria
und ist Mensch geworden.

Er wurde für uns gekreuzigt unter Pontius Pilatus,
hat gelitten und ist begraben worden,
20 ist am dritten Tage auferstanden
nach der Schrift
und aufgefahren in den Himmel.
Er sitzt zur Rechten des Vaters
und wird wiederkommen in Herrlichkeit,
zu richten die Lebenden und die Toten;
25 seiner Herrschaft wird kein Ende sein.

Wir glauben an den Heiligen Geist,
der Herr ist und lebendig macht,
der aus dem Vater hervorgeht,
der mit dem Vater und dem Sohn angebetet und verherrlicht wird,
30 der gesprochen hat durch die Propheten,
und die eine, heilige, katholische und apostolische Kirche.
Wir bekennen die eine Taufe zur Vergebung der Sünden.
Wir erwarten die Auferstehung der Toten
und das Leben der kommenden Welt. Amen.

Deutscher Text in: Glaubensbekenntnis und Gotteslob der Kirche. Eine Handreichung zu den ökumenischen Neuübersetzungen, Hg. W. Beinert / K. Hoffmann / H. von Schade, Freiburg 1971, 11.

Das Apostolische Glaubensbekenntis

Credo in Deum	Ich glaube an Gott,
patrem omnipotentem,	den Vater, den Allmächtigen,
creatorem caeli et terrae,	den Schöpfer des Himmels und der Erde,
et in Jesum Christum,	und an Jesus Christus,
5 Filium eius unicum, Dominum nostrum	5 seinen eingeborenen Sohn, unsern Herrn,
qui conceptus est de Spiritu Sancto,	empfangen durch den Heiligen Geist,
natus ex Maria virgine,	geboren von der Jungfrau Maria,
passus sub Pontio Pilato,	gelitten unter Pontius Pilatus,
crucifixus, mortuus et sepultus,	gekreuzigt, gestorben und begraben,
10 descendit ad inferna,	10 hinabgestiegen in das Reich des Todes
tertia die resurrexit a mortuis,	am dritten Tage auferstanden von den Toten,
ascendit ad caelos,	aufgefahren in den Himmel;
sedet ad dexteram Dei Patris omnipotentis,	er sitzt zur Rechten Gottes, des allmächtigen Vaters;
inde venturus est,	von dort wird er kommen,
15 iudicare vivos et mortuos.	15 zu richten die Lebenden und die Toten.
Credo in Spiritum Sanctum,	Ich glaube an den Heiligen Geist,
sanctam Ecclesiam catholicam,	die heilige katholische Kirche,
sanctorum communionem,	Gemeinschaft der Heiligen,
remissionem peccatorum,	Vergebung der Sünden,
20 carnis resurrectionem,	20 Auferstehung der Toten
et vitam aeternam. Amen.	und das ewige Leben. Amen.

Lateinischer Text in: Enchiridion Symbolorum, Definitionum et Declarationum de Rebus Fidei et Morum, Hg. H. Denzinger / A. Schönmetzer, Freiburg 1963, S. 28, Nr. 30.
Deutscher Text in: Glaubensbekenntnis und Gotteslob der Kirche. Eine Handreichung zu den ökumenischen Neuübersetzungen, Hg. W. Beinert / K. Hoffmann / H. von Schade, Freiburg 1971, 10.

Auslegung

Wir glauben

1. Das Nizänische Glaubensbekenntnis beginnt mit der vertrauensvollen Aussage: „Wir glauben an" (pisteuomen eis), die sich auf Vater, Sohn und Heiligen Geist und auf die eine, heilige, katholische und apostolische Kirche bezieht.

2. Die erste Person Plural „wir glauben" im Nizänischen Glaubensbekenntnis unterscheidet sich von dem „ich glaube" im Apostolischen Glaubensbekenntnis, in Taufliturgien und in einigen eucharistischen Liturgien. Bei der Taufe antworten einzelne Menschen oder diejenigen, die in ihrem Namen sprechen, mit einem persönlichen Glaubenszeugnis auf Gottes vorausgehendes Gnadenhandeln. Durch Wasser und in der Kraft des Heiligen Geistes wird der Glaubende in den Tod und die Auferstehung Christi hineingetauft und in die Gemeinschaft der Kirche hineingeführt. Das Bekenntnis des Glaubens des einzelnen Menschen geschieht jedoch in Gemeinschaft mit dem Glauben der ganzen Kirche. In einigen Ortskirchen antwortet die Gemeinde: „Dies ist der Glaube der Kirche, dies ist unser Glaube."

3. Das Nizänische Glaubensbekenntnis als ein Bekenntnis des Glaubens gehört zu der einen, heiligen, katholischen und apostolischen Kirche. In diesem Bekenntnis stimmt der einzelne Mensch mit allen an jedem Ort, jetzt und durch die Jahrhunderte hindurch versammelten Getauften ein in die Verkündigung des Glaubens der Kirche: „Wir glauben an". Das Bekenntnis „wir glauben an" spricht nicht nur das Vertrauen des einzelnen Menschen auf Gottes Gnade aus, sondern es bekräftigt auch das Vertrauen der ganzen Kirche auf Gott. Es besteht ein Band der Gemeinschaft zwischen denen, die gemeinsam ihren Glauben bekennen. Solange jedoch die Kirchen, die das Glaubensbekenntnis bekennen, nicht miteinander geeint sind, bleibt die Gemeinschaft der einen, heiligen, katholischen und apostolischen Kirche beeinträchtigt.

4. Genauso wie bei der Taufe das Bekenntnis des Glaubens als Antwort auf Gottes Gnade gesprochen wird, so geschieht auch das fortdauernde Bekenntnis der Kirche als Antwort auf Gottes Gnade und Liebe, wie sie in besonderer Weise im verkündigten Wort und in den gefeierten Sakramenten der Kirche gewährt wird. Daher ist die Liturgie der Kirche der angemessene Kontext für das Bekenntnis des Glaubens durch die Kirche.

5. Der Glaube, der im Bekenntnis des Credo seinen Ausdruck findet, ist eine Gabe Gottes durch den Heiligen Geist. Dazu gehören die freiwillige Unterwerfung des Glaubenden, völliges Vertrauen und Zutrauen, Warten auf Gottes Hilfe im Verlassen auf Gottes Zeugnisse seiner Liebe in Schöpfung, Erlösung und Heiligung.

Kommentar:

In der westlichen Kirche hat Augustin auf drei Aspekte des Glaubensakts hinge-wiesen: an Gottes Existenz glauben (credere Deum), Gott glauben (credere Deo) und an Gott glauben (credere in Deum). „Glauben an" umfaßt die ersten beiden Aspekte, geht aber darüber hinaus und schließt die persönliche Verpflichtung des sich Gott völlig Anvertrauens mit ein. Dies wird auch im Apostolischen Glaubens-bekenntnis deutlich, das „credere in" nur in bezug auf die drei Personen der Trinität, aber nicht in bezug auf die Kirche verwendet. Das Nizänische Glaubensbekenntnis dagegen verwendet „glauben an" auch in bezug auf die Kirche. Im Griechischen hat „pisteuomen eis" eine breitere Bedeutung, die einfach auf das im Akt des Glaubens intendierte Objekt verweist.

TEIL I

Wir glauben an den einen Gott

A. Der eine Gott

6. Christen *glauben,* daß der eine wahre Gott, der sich Israel zu erkennen gegeben hat, sich auf vornehmste Weise in dem offenbart hat, den er gesandt hat, Jesus Christus (Joh 17,3); daß Gott die Welt in Christus mit sich selbst versöhnt hat (2 Kor 5,19) und daß Gott allen, die durch Christus auf ihn vertrauen, durch seinen Heiligen Geist neues und ewiges Leben schenkt.

7. Dieser Glaube an einen einzigen universalen Gott, der Schöpfer, Erlöser und Erhalter von allem ist, wird von denen *herausgefordert,* die bezweifeln, ob es überhaupt eine die sichtbare Welt transzendierende Wirklichkeit gibt, die Ursprung ihres Seins und fortdauernden Lebens ist. Für sie ist die Vorstellung von Gott nicht mehr als ein Ausdruck und eine Projektion menschlicher Wünsche und Ängste. Selbst wenn anerkannt wird, daß es Kräfte gibt, die über die sichtbare Wirklichkeit der Welt hinausgehen, bleibt doch die Frage, ob man behaupten kann, daß es nur eine solche Kraft gibt, und ob man sich diese Kraft als rein transzendent oder auch als in der Welt immanent vorstellen sollte und wie diese Vorstellungen miteinander in Einklang gebracht werden können.

8. Viele, die mit Christen in einem Glauben an einen Gott übereinstimmen, finden die trinitarischen Aussagen der Christen unannehmbar. Besonders für Juden und Muslime ist die christliche Vorstellung vom dreieinigen Gott ein Stein des Anstoßes gewesen, weil diese den Monotheismus zu leugnen scheint. Es gibt heute auch Christen, die der Meinung sind, daß die christliche Lehre von der Trinität zumindest neu interpretiert oder sogar sprachlich revidiert werden müßte. Darüber hinaus wird diese Lehre vielfach vernachlässigt und mißverstanden. Sie wird manchmal „modalistisch" ausgelegt, als ob sie bedeutete, daß Gott wirklich einer ist, aber wegen der Beschränkungen des menschlichen Verstehens auf drei verschiedene Weisen verstanden wird; oder „tri-theistisch", als ob die Anbetung Gottes des Vaters, Gottes des Sohnes und Gottes des Heiligen Geistes drei voneinander trennbare und unterschiedliche Arten der Anbetung wären. Viele meinen, daß die traditionelle Trinitätslehre zu spekulativ ist im Vergleich zur biblischen Rede über Gott den Vater, den Sohn und den Heiligen Geist. Solche Anfragen erfordern eine zeitgemäße Klärung.

I. DAS BEKENNTNIS UND SEIN BIBLISCHES ZEUGNIS

a) Der Text des Bekenntnisses

9. „Wir glauben an den einen Gott."
(AG: „Ich glaube an Gott.")[1]

---

[1] AG = Apostolisches Glaubensbekenntnis.

10. Das nizänische Bekenntnis beginnt mit dem Bekenntnis des Glaubens an den einen Gott. Das Thema des Einsseins Gottes wird wiederum in den drei Artikeln des Glaubensbekenntnisses trinitarisch ausgeführt. Im ersten Artikel wird der Glaube an den einen Gott, den Vater, betont; im zweiten der Glaube an den einen Herrn, den Sohn des Vaters; im dritten der Glaube an den Heiligen Geist, den Herrn, der vom Vater ausgeht. So wird der *eine* Gott verstanden als der Vater, der Sohn und der Heilige Geist, wobei der Vater die Quelle aller Göttlichkeit ist. In Entsprechung zum Einssein des dreieinigen Gottes bekräftigt das Glaubensbekenntnis, daß es auch nur *eine* Kirche und *eine* Taufe gibt (Eph 4,4-6). Somit wird vom Bekenntnis das Einssein in allen drei Artikeln betont.

Kommentar:

Aus ihrem jüdischen Erbe haben Christen von Anfang an gewußt, daß „es nur einen Gott gibt". Die Kirche des 2. Jahrhunderts bezeugte gegen Marcion das Einssein des Gottes, der Schöpfer ist und erlöst. Es brauchte seine Zeit, bevor die Kirche eine völlig durchdachte und gut formulierte Darstellung geben konnte von der Beziehung zwischen dem „einen Gott, dem Vater, von dem alle Dinge sind und durch den wir sind" und dem „einen Herrn, Jesus Christus, durch den alle Dinge sind und durch den wir sind" (1 Kor 8,6). Der entscheidende Augenblick kam mit dem arianischen Streit. Das Konzil von Nizäa (325) bezeugte den Sohn als „aus dem Wesen des Vaters" (ek tes ousias tou Patros) und als „eines Wesens mit dem Vater" (homoousios to Patri). Nach den darauf folgenden Auseinandersetzungen um die Pneumatomachen bekannte das Konzil von Konstantinopel (381) auch das Herrsein des Heiligen Geistes, „der aus dem Vater hervorgeht, der mit dem Vater und dem Sohn angebetet und verherrlicht wird". In all dem hatte die Kirche keinerlei Absicht, das Einssein Gottes in Frage zu stellen; vielmehr wurde der eine Gott auf der Grundlage seines Heilshandelns in der Geschichte als dreieinig verstanden. Die Taufe wurde weiterhin in dem einen Namen des Vaters, des Sohnes und des Heiligen Geistes gefeiert.

In den folgenden Jahrhunderten wurden unterschiedliche Auslegungen hinsichtlich des letztgültigen Prinzips der Einheit in der Trinität vorgebracht, nämlich ob dieses Prinzip im göttlichen Wesen (ousia) oder in der Person (hypostasis) des Vaters oder in der Wechselbeziehung und dem gegenseitigen Ineinanderwohnen der drei Personen in ihrer Gemeinschaft untereinander zu finden sei. Jedoch haben sowohl der Osten als auch der Westen im Gottesdienst das Einssein Gottes und die Unterscheidung der Personen immer mit gleichem Nachdruck betont; und im Gottesdienst tritt ja der persönliche Charakter des dreieinigen Gottes am deutlichsten in Erscheinung.

Im großen und ganzen betonte die nizänische Theologie gleichzeitig die Einzigartigkeit jeder der drei Personen (hypostases) in dem einen durch die Heilsgeschichte hindurch offenbarten Gott und ihr Einssein in der Gemeinschaft (Koinonia) in dem einen göttlichen Sein. Heute muß man vorsichtig umgehen mit Begriffen wie

„Substanz" (worunter heute häufig mit Instrumenten meßbare materielle Größen verstanden werden), „Wesen" (was an die Sprache einer in Mißkredit geratenen Metaphysik erinnern kann) oder „Person" (was als Hinweis auf ein isoliertes individuelles Zentrum des Bewußtseins interpretiert werden könnte). In der heutigen trinitarischen Theologie wird weiterhin und sogar mehr als zu früheren Zeiten darüber diskutiert, wie das Einssein Gottes zusammen mit den drei „Personen" in angemessener Weise zum Ausdruck gebracht werden kann. Man ist sich jedoch darüber einig, daß eine angemessene und erschöpfende rationale Erklärung des Geheimnisses des dreieinigen Gottes, wie es in der Liturgie der Kirche gefeiert wird, menschliche Erkenntnis übersteigt. Die trinitarische Lehre und ihre Sprache können lediglich die Begründung für das Bekennen der drei Personen wie des einen Gottes liefern.

b) Biblisches Zeugnis

11. Im Laufe seiner Geschichte fand *Israel* zum Glauben an die Einzigartigkeit Gottes. Dies findet seine klassische Ausdrucksform in dem „Shema Israel": „Höre, Israel, der Herr ist unser Gott, der Herr allein. Und du sollst den Herrn, deinen Gott, liebhaben von ganzem Herzen, von ganzer Seele und mit all deiner Kraft" (Dtn 6,4f). Ganz besonders nachdrücklich wird es in den Weissagungen von Deuterojesaja zum Ausdruck gebracht, wo Jahwe, der Schöpfer und Erlöser, ausdrücklich als der alleinige Gott nicht nur für Israel, sondern für alle Völker bekannt wird; andere Götter sind bloße Götzen: „Es ist sonst kein Gott außer mir, ein gerechter Gott und Heiland, und es ist keiner außer mir. Wendet euch zu mir, so werdet ihr gerettet, aller Welt Enden; denn ich bin Gott und sonst keiner mehr" (Jes 45, 21-22).

12. Die alttestamentliche Hervorhebung der Einzigartigkeit Gottes ist im *Neuen Testament* weitergeführt worden. Jesus bekräftigte den Glauben Israels an den einen Gott. Er wies Satan von sich, indem er die Heilige Schrift zitierte: „Du sollst anbeten den Herrn, deinen Gott, und ihm allein dienen" (Mt 4,10 par.; vgl. Dtn 6,13). Er bestätigte das „Höre, Israel" als das erste und große Gebot und als den Weg zum ewigen Leben (Mk 12,29; Mt 22,37; Lk 10,27).

13. Das Neue Testament zeigt jedoch auch deutlich, daß dieser Gott in einer einzigartigen Beziehung zu Jesus Christus steht. Jesus wird sein Sohn genannt (Lk 1,32-33; Mk 1,11 par.). Jesus redet diesen Gott als „Vater" an und benutzt dabei das innige Wort „Abba" (Mk 14,36). Jesus ist des Vaters eigener, geliebter und einziger Sohn (Joh 1,18; 3,16; Röm 8,32; Kol 1,13). Wer immer den Sohn gesehen hat, hat den Vater gesehen (Joh 14,9), denn der Vater und der Sohn sind „eins" (Joh 10,30; 17,11). Obwohl sie voneinander unterschieden bleiben, „wohnen" Vater und Sohn doch ineinander (Joh 17,21).

14. Gleichzeitig verbindet das Neue Testament auch den Geist – der vom Vater ausgeht (Joh 15,26) – mit dem Sohn (vgl. Par. 210). Auf das Gebet Christi hin sendet der Vater den Heiligen Geist in die Welt, „den anderen Parakleten", den Geist,

der „lebendig macht" und in alle Wahrheit führt (Joh 16,7). Alle drei, Vater und Sohn und Heiliger Geist, werden in der frühen apostolischen Verkündigung und Literatur miteinander genannt (2 Kor 13,13; Eph 4,4-6).

II. AUSLEGUNG FÜR HEUTE

Der eine Gott: Vater, Sohn und Heiliger Geist

15. Die Besonderheit des christlichen Glaubens an den einen Gott gründet sich auf die Offenbarung des Vaters, des Sohnes und des Heiligen Geistes. Daher bildet die göttliche „Ökonomie", die Heilsgeschichte in Schöpfung, Versöhnung und eschatologischer Vollendung, die Grundlage des trinitarischen Glaubens. Auf der anderen Seite ist der eine Gott in aller Ewigkeit der Vater, der Sohn und der Heilige Geist. Die heilsgeschichtliche und die ewige Trinität sind eine Wirklichkeit. Die beiden Aspekte können nicht voneinander getrennt werden. Diese Einheit der heilsgeschichtlichen und ewigen Trinität ist nicht immer gebührend berücksichtigt worden. Aber nur auf der Grundlage der geschichtlichen Offenbarung Gottes in Jesus Christus kann der trinitarische Glaube der Kirche begründet werden. Die trinitarische Lehre ist kein Produkt abstrakter Spekulation, sondern eine Zusammenfassung dessen, wie Gott in Jesus Christus offenbart wird.

16. Im *göttlichen Heilsplan* wird die als Folge der Sünde und des Bösen bewirkte Trennung und Entfremdung der Welt von Gott überwunden durch das Versöhnungswerk des Sohnes und die verwandelnde Gegenwart des Geistes. Im Geheimnis dieses göttlichen Heilsplans wird der eine Gott offenbart als Leben und Liebe, indem er sich selbst seinen Geschöpfen mitteilt. Gott, der *Vater*, versöhnt die Welt mit sich selbst durch die Inkarnation, den Dienst und das Leiden seines ewigen Sohnes. Im Sohn hat Gott teil am menschlichen Leben bis hin zum Tod, um der Menschheit Vergebung der Sünden, Auferstehung und ewiges Leben zu schenken (Joh 3,16). Durch den Geist erhöhte Gott den Gekreuzigten zu einem neuen und unvergänglichen Leben, das zur endgültigen Verwandlung und Verherrlichung unseres Lebens und der ganzen Schöpfung in der eschatologischen Zukunft führen wird. Durch die Verkündigung dieser frohen Botschaft weckt der Geist schon heute Glauben, Liebe und Hoffnung in den Herzen derer, die das Evangelium empfangen, so wie er auch schon vor der Menschwerdung des Sohnes die Hoffnung auf die zukünftige Erlösung der Menschheit stärkte.

17. Der *menschgewordene Sohn* offenbart, daß in Gottes ewiger Herrlichkeit, vor aller Zeit und Geschichte, sein göttliches Leben gegenseitige Selbsthingabe und Gemeinschaft ist, daß „Gott die Liebe ist" (1Joh 4,8). Diese ewige Liebe und Gemeinschaft zwischen Vater und Sohn wird am Kreuz Christi und in seiner Auferstehung durch die Kraft des Geistes offenbart. Kreuz und Auferstehung können nicht losgelöst von der trinitarischen Gemeinschaft von Vater, Sohn und Heiligem Geist verstanden werden, noch läßt sich die Trinität losgelöst von Kreuz und Auf-

erstehung verstehen. Das Kreuz ist die Bestätigung einer Liebe, die stärker ist als Sünde und Tod, und die Auferstehung bekräftigt, daß diese göttliche Liebe siegreich ist und sein wird.

18. Die ewige Quelle dieser lebendigen trinitarischen Gemeinschaft der Liebe ist *Gott, der Vater.* Aber der Vater war nie ohne den Sohn, noch war er jemals ohne seinen Geist. Das wechselseitige Einwohnen der drei Personen ist das Siegel ihrer Einheit. Gottes ewiges Leben und ewige Herrlichkeit liegen in der freien Hingabe der Personen in gegenseitiger Gemeinschaft füreinander. Die göttliche Einheit kommt aus dem Vater als ihrer Quelle, aber wird erhalten im Gehorsam des Sohnes und im Zeugnis des Geistes, der den Sohn im Vater und den Vater im Sohn verherrlicht.

Kommentar:

Oft ist man sich zu wenig des trinitarischen Charakters der göttlichen Einheit als solcher bewußt, wie der christliche Glaube sie bekennt. Häufig wird der eine Gott einfach mit dem Vater identifiziert, während der Sohn und der Heilige Geist ihm entweder ontologisch untergeordnet oder als bloße Offenbarungsweisen des Vaters gedacht werden. Im Unterschied dazu sollte die Wechselseitigkeit der Interrelation unter den drei Personen bei Wahrung der „Monarchie" des Vaters als die konkrete Form der göttlichen Einheit verstanden werden.

19. Die Kirche glaubt an diese ewige Gemeinschaft der Liebe, wie sie offenbart und verwirklicht wird in der göttlichen Heilsökonomie: Sie ist sowohl in der Schöpfung der Welt als auch in ihrer Erlösung und in ihrer Heiligung und endgültigen Verherrlichung am Werk. Obwohl das Schöpfungswerk spezifisch dem Vater, das Erlösungswerk dem Sohn und das Werk der Heiligung und Verherrlichung dem Heiligen Geist zugeschrieben wird, schließt das Wirken jeder der trinitarischen Personen die Gegenwart und das Zusammenwirken aller drei Personen ein. So ist Gott ein Gott. Keine der drei Personen der Trinität hat losgelöst von den anderen ein eigenes Leben.

20. Der dreieinige Gott ist zugleich der Grund der Einheit wie der Verschiedenheit in seiner Schöpfung. Die Trinität kann als Modell einer Verschiedenheit betrachtet werden, die die Einheit nicht zerstört, und einer Einheit, die die Verschiedenheit nicht um der Einheitlichkeit willen erstickt. Deshalb kann der eine Gott auf schöpferische Weise in der Vielfalt seiner Geschöpfe gegenwärtig sein.

21. Die Neigung, Gott und Natur miteinander zu identifizieren, wie sie seit dem 17. Jahrhundert in philosophischen Formen des Pantheismus hervortrat, verwirft den Gedanken eines rein transzendenten Gottes, der in der geschaffenen Welt nicht gegenwärtig sein könnte. Doch der dreieinige Gott des christlichen Glaubens ist in seiner Schöpfung, die durch seinen Logos und Geist entsteht, gleichzeitig transzendent und dennoch gegenwärtig. Der dreieinige Gott ist in der Tiefe unseres Seins

gegenwärtig trotz unserer Entfremdung von unserem Schöpfer. Diese schöpferische, erhaltende und erlösende Gegenwart Gottes zerstört nicht die Freiheit des Geschöpfs, sondern befähigt es im Gegenteil dazu, sich dieser geschöpflichen Unabhängigkeit zu erfreuen, sie aktiv zu erhalten und sich anderen und Gott engagiert zuzuwenden. Aber solche Unabhängigkeit schließt auch das Risiko der Entfremdung vom Schöpfer ein.

22. Der unendliche Gott bleibt auch transzendent gegenüber seiner Schöpfung, indem er in einem unerreichbaren Licht wohnt. In dieser Transzendenz ist Gott die Quelle des Neuen in seiner Schöpfung, die er auf eine endgültige Erfüllung des geschaffenen Seins in Gemeinschaft mit Gott und unter den Geschöpfen hindrängt. Doch selbst in ihrer eschatologischen Verherrlichung werden die Geschöpfe niemals in Gott aufgehen. Unser Annehmen unserer Unterschiedenheit von Gott bleibt die Bedingung für unsere Gemeinschaft mit ihm, wenn wir ihn als Schöpfer und Erlöser seiner Schöpfung preisen. Deshalb führt der Glaube daran, daß Gott alles in allem sein wird (1 Kor 15,28), nicht zum Pantheismus.

Herausforderungen durch Atheismus und Säkularismus

23. Der Glaube an einen Gott wird von verschiedenen Formen des *Atheismus* herausgefordert. Es gibt Atheisten, die immer die Meinung vertreten, daß der Glaube an Gott keineswegs der Weg des Lebens und der Erlösung ist, sondern eine Bedrohung der Freiheit und Würde der Menschheit darstellt. In diesem Fall wird der Glaube an Gott als eine Illusion angesehen, die psychologische, ideologische, soziologische oder sogar wirtschaftliche Ursachen hat. Andere sehen in den Forschungsergebnissen der modernen Naturwissenschaften und des logischen Positivismus Gründe, die Existenz Gottes zu leugnen, weil sie für die Erklärung der Welt als unnötig erscheint. Selbst innerhalb der Kirchen gibt es Menschen, die Christus bekennen, aber jener Atmosphäre des mangelnden Vertrauens erliegen, die durch diese starken Argumente geschaffen wird, und die Existenz Gottes leugnen. Andere sind nicht in der Lage, das Böse in der Welt mit dem Glauben an den Schöpfergott in Einklang zu bringen (das Problem der Theodizee). Angesichts der Probleme des Überlebens in unserer heutigen Welt sind viele Menschen nicht in der Lage, irgendeinen göttlichen oder religiösen Bezugsrahmen für ihr Leben zu finden. Das hat zur Folge, daß einige von ihnen sich dem Utopismus oder dem Nihilismus zuwenden. Und schließlich sind viele einfach gleichgültig (praktischer Atheismus). In Treue zum Evangelium sollten Christen sorgfältig auf Herausforderungen der besonderen Formen des Atheismus in ihrem jeweiligen Kontext hören und in diesem Licht bereit sein, die Angemessenheit ihrer Vorstellungen von Gott und von Gottes Beziehung zur Welt zu überprüfen. Dies gilt ganz besonders dort, wo der betreffende Atheismus zumindest teilweise eine Reaktion auf entstellte Formen christlicher Lehre und christlichen Lebens gewesen ist.

24. Die Reaktion von Christen auf die verschiedenen Formen des Atheismus darf nicht auf die theoretische Ebene beschränkt werden. Zum Atheismus gehört auch

die Frage der Lebensorientierung. Der christliche Glaube an Gott bedeutet grundsätzlich, ein neues Leben im Lichte des Gottes zu beginnen, der in Jesus Christus offenbart wurde, während nach dem Johannesevangelium diejenigen, die weiterhin ein sündhaftes Leben führen, damit zeigen, daß sie faktisch den Glauben an Gott ablehnen (vgl. Joh 3,20). Wenn es darum geht, anderen den Glauben darzulegen, ist rationales Argumentieren nicht der einzige, vielleicht nicht einmal der wichtigste Aspekt. Entscheidend ist das überzeugende Zeugnis des eigenen Lebens, zum Beispiel durch das Überwinden eines tragischen Geschehens oder durch den inneren Reichtum eines Lebens aus dem Glauben.

25. Dennoch gibt es auch Argumente gegen verschiedene Formen des Atheismus. Erstens, was die Behauptung anbetrifft, die naturwissenschaftliche Erklärung der Welt sei ausreichend, so sollte darauf hingewiesen werden, daß diese Erklärung praktisch niemals vollständig ist. Sie erfüllt nicht dieselbe Funktion wie die Interpretation der Welt von der Schöpfung her, die etwas über den Sinn der Welt als ganzer aussagt, aber auf einer anderen Ebene als der naturwissenschaftlichen.

26. Zweitens, in Antwort auf diejenigen, die es unmöglich finden, den Glauben an einen Schöpfergott mit der Erfahrung von unnötigem Leid und Bösen in der Welt in Einklang zu bringen, müssen wir zugeben, daß hier menschliches Denken an die Grenzen des Erklärbaren stößt. Dieses schmerzliche Bewußtsein ist unter dem Druck gegenwärtiger Erfahrungen besonders akut geworden. Die christliche Antwort auf diese Herausforderung ist der Glaube, daß Gott im Kreuz Christi Leiden und Tod der Menschen geteilt hat und uns durch diese Solidarität den Weg geöffnet hat, Verzweiflung zu überwinden (vgl. Abschn. 60-61). Das ist natürlich keine „Lösung" für das Problem des Bösen, aber es ermöglicht Christen, damit umzugehen.

27. Drittens, haben sich die verschiedenen Ansprüche, Religion als ein Produkt illusorischer Projektionen zu erklären, in der heutigen Zeit als besonders starke Formen atheistischer Argumentation erwiesen. Aber diese Art der Argumentation setzt eine Auffassung vom Wesen des Menschen voraus, bei der die Religion kein wesentlicher Bestandteil ist. Dies entspricht jedoch nicht den Gegebenheiten der Kulturgeschichte, in der von frühester Zeit an die Religion ein konstitutiver Faktor war, so daß die Annahme eines nichtreligiösen Menschen, der Religion hervorbringt, nicht haltbar ist.

Kommentar:

Indem die religiösen Traditionen der Menschheit tatsächlich alle Zeugnisse menschlicher Erfahrung und menschlichen Denkens sind, belegen sie die Tatsache, daß das menschliche Wesen unausweichlich religiös ist. Das heißt, daß zum vollen Menschsein eine religiöse Dimension des Lebens gehört. Das kommt nicht notwendigerweise in der spezifischen Sprache der „Religion" zum Ausdruck. Es kann im

Bewußtsein irgendeiner letzten Wirklichkeit bestehen oder implizit in Form von ideologischen Ansprüchen und Verpflichtungen.

In den Religionen im spezifischen Sinne des Wortes wird diese menschliche Beschaffenheit auf der Grundlage von Erfahrung göttlicher Wirklichkeit explizit deutlich. Religionen sind nicht unnötige Erfindungen von Menschen, deren ursprüngliches Wesen mit rein weltlichen Begriffen angemessen beschrieben werden könnte, wie die Atheisten annehmen.

Die religiöse Dimension gehört zu den Wurzeln der spezifisch menschlichen Bestimmung. Die Fülle des Menschseins wird daher dort verfehlt, wo das Bewußtsein einer alles Endliche transzendierenden Wirklichkeit verdunkelt oder erstickt wird, anstatt ernstgenommen und gesucht wird als Quelle möglicher Antworten und Lösungen für die Verheißungen, Unzulänglichkeiten und Verirrungen menschlichen Lebens.

28. Eng verbunden mit dem Atheismus, der sich aus der scheinbaren Autarkie der weltlichen Wissenschaft hinsichtlich der Beschreibung der Welt ergibt, ist der *Säkularismus* der modernen Gesellschaft. Er bekräftigt die Unabhängigkeit des gesellschaftlichen und kulturellen Systems, die die Religion in den Status einer rein privaten Angelegenheit verweist und jede Rechenschaftsschuldigkeit der öffentlichen Ordnung gegenüber Gott zurückweist.

Säkularismus darf nicht mit Säkularität und Säkularisierung verwechselt werden. Die Säkularität der gesellschaftlichen und politischen Ordnung im Unterschied zur Kirche entwickelte sich in weit höherem Maße als in anderen Kulturen innerhalb der Geschichte der christlichen Kultur. Die Bestätigung einer relativen Autonomie der säkularen Welt ist Teil des geschichtlichen Beitrags des Christentums und kann einerseits als Folge des biblischen Monotheismus und andererseits des vorläufigen Charakters der gegenwärtigen Welt und ihrer gesellschaftlichen und natürlichen Ordnung verstanden werden. Wenn in Genesis 1 Sonne, Mond und Sterne (im Gegensatz zu den Glaubensvorstellungen einiger alter Religionen) nicht mehr göttliche Wesen, sondern Geschöpfe des einen Gottes sind, ist die Folge eine Säkularisierung der Natur. Als im frühen Christentum der vorfindlichen gesellschaftlichen Ordnung ein letztgültiger Wert abgesprochen wurde, wurde sie in gewisser Weise säkularisiert. Aber sie wurde nicht losgelöst von jeglicher Verbindung zur letztgültigen Wirklichkeit Gottes. Diese Trennung macht jedoch den Säkularismus der modernen Gesellschaft aus. Ein solcher Säkularismus ist nicht nur in Europa und Nordamerika ein Problem, sondern betrifft durch die Verbreitung der Modernisierung (Industrialisierung verbunden mit bürokratischer Verwaltung) Länder in allen Teilen der Welt.

29. Ohne eine transzendente Wirklichkeit als ihrer Grundlage würde der Welt der endlichen Dinge und der säkularen gesellschaftlichen Systeme ein letzter Sinn und

Zweck fehlen. Durch die Geschichte hindurch haben Männer und Frauen jeder Rasse und Kultur die Grundlage ihrer Existenz und für den Sinn ihres Lebens in der Gewißheit gefunden, daß Gott existiert und handelt. Wo immer das der Fall ist, ist Gott die Quelle moralischer Werte, so daß seine Stimme im menschlichen Gewissen gehört wird. Darüber hinaus ist der Glaube an Gott eine Quelle der Hoffnung angesichts von Vergänglichkeit, Leiden, Scheitern und Kampf, eine Hoffnung, die alles durch menschliche Anstrengungen Erreichbare übersteigt, die aber auch zu Bemühungen antreibt, zumindest vorläufige Formen der Gerechtigkeit und tragfähiger Ordnungen und Bedingungen zu schaffen, die ein Leben in menschlicher Würde ermöglichen.

30. In säkularen Gesellschaften bringt die Erfahrung von Sinnlosigkeit verschiedene Reaktionen hervor. Einige davon haben die Form neuer religiöser Bewegungen angenommen, die häufig mit bestimmten Anspielungen auf moderne wissenschaftliche Verfahrensweisen verbunden sind. Daneben gibt es viele Formen des Aberglaubens, ja sogar des Satanismus. Außerdem bemühen sich verschiedene religiöse Gruppen darum, diese Situation auszunutzen. Diese neue Religiosität ist in besonderer Weise mit der Gefahr verbunden, sogenannte „falsche Götter", bloße Projektionen aus den Wünschen und Ängsten des menschlichen Herzens, hervorzubringen. Aber die Schaffung falscher Götter und der damit einhergehende Götzendienst ist keineswegs auf die neue Religiosität beschränkt. Er tritt überall dort auf, wo Vergängliches zum Gegenstand von letztem Vertrauen und von Anbetung gemacht wird (s. Röm 1,23; Phil 3,19). Er durchdringt Menschen in allen Religionen oder führt sie zumindest in Versuchung, denn was immer zum Gegenstand letzten Vertrauens wird (z. B. Besitz, Macht, Ehre) wirkt als ein Götze an Stelle des wahren Gottes. Der Säkularismus als solcher enthält (wie andere Ideologien) Elemente des Götzendienstes, wenn die weltliche Ordnung verabsolutiert wird. Doch das, was am Säkularismus falsch ist, läßt sich nicht durch eine projizierende Religion überwinden, sondern nur durch Hinwendung zu der transzendenten Wirklichkeit, die allem menschlichen Wissen und Handeln vorgeordnet ist.

Herausforderungen durch andere Religionen und Glaubensüberzeugungen

31. In den ersten Jahrhunderten schienen die Christen, die an einen Gott glaubten, von *anderen Religionen* unterschieden zu sein. Bei näherer Betrachtung der apologetischen Werke der frühen Christen wird jedoch deutlich, daß die christliche Theologie nicht nur mit dem Judentum manches gemeinsam hatte, sondern auch mit anderen Religionen, besonders mit der religiösen hellenistischen Philosophie. Diese frühchristliche Einstellung, aus der die Worte des Petrus in der Apostelgeschichte 10,34f sprechen, ist heute ganz besonders wichtig im Blick auf den sich entwickelnden Dialog zwischen Christentum und Judentum oder zwischen Christentum und anderen Religionen, vor allem dem Islam.

32. Bei der Auslegung des trinitarischen Bekenntnisses des einen Gottes sind Christen mit der Tatsache konfrontiert, daß andere monotheistische Religionen ihren Glauben an den einen dreieinigen Gott nicht teilen, wenngleich alle im Glauben an den einen Gott Abrahams übereinstimmen. Christen werden sogar häufig des Götzendienstes (durch das Judentum) oder der Vielgötterei (durch den Islam) beschuldigt. Doch die *jüdische* Tradition selbst kennt Realitäten, die den transzendenten Gott innerhalb dieser Welt repräsentieren – sein *Name,* seine *Herrlichkeit,* sein *„shechinah"*, seine *„tora"* und seine *Weisheit.* Stellen diese von Gottes transzendentem Wesen unterschiedenen Realitäten wirklich die Gegenwart Gottes selbst dar? In diesem Fall würde die Unterscheidung zwischen Transzendenz und Immanenz, die sich implizit in den Ursprüngen der christlichen trinitarischen Lehre findet, auch auf die jüdische Vorstellung von dem einen Gott zutreffen. Ein transzendenter Gott, der nicht in dieser Welt gegenwärtig sein könnte, wäre in der Tat kaum der Gott der alttestamentlichen Propheten. Der christliche Glaube an den dreieinigen Gott bekennt jedoch explizit die Einheit Gottes als eine differenzierte Einheit.

33. Was den vom *Islam* erhobenen Vorwurf der Vielgötterei anbetrifft, ist es wichtig hervorzuheben, daß der christliche Glaube niemals die Absicht hatte, das Einssein Gottes aufzugeben. Die trinitarische Lehre der Kirche wollte auch nicht das Bekenntnis der Einheit Gottes einschränken oder abschwächen. Die trinitarische Differenzierung der Einheit Gottes ist vielmehr eine Bedingung für einen wirklich konsequenten Monotheismus, weil sie das Prinzip der Pluralität und Verschiedenheit nicht außerhalb jener Einheit läßt, denn sonst wäre die Einheit ein bloßes Korrelat zu einer Pluralität, die nicht in das göttliche Leben einbezogen wäre.

34. In *anderen Religionen,* z. B. in afrikanischen und asiatischen traditionellen Religionen, im Buddhismus oder Hinduismus, wird die Vielgestaltigkeit der Gottheit in Menschen und Tieren wie auch in Pflanzen und Dingen erfahren. Diese Religionen werfen dem christlichen Glauben vor, zu abstrakt und zu losgelöst von den Realitäten des alltäglichen Lebens zu sein. In gewisser Hinsicht kommt diese Herausforderung auch von der Bejahung mannigfaltiger Manifestierungen göttlicher Wirklichkeit durch einige Hindus und Buddhisten. Darüber hinaus gewinnen synkretistische Bewegungen in einer Reihe von Ländern an Boden, die traditionellerweise vom Einfluß des christlichen Glaubens geprägt sind. Diese Bewegungen dienen häufig als Ersatz für den christlichen trinitarischen Glauben, der nicht mehr in seiner Fülle, seinem Reichtum und seiner Konkretheit verstanden wird. Angesichts dieser Herausforderungen glauben Christen, daß die konkrete Wirklichkeit des einen Gottes nirgends anders zu finden ist als im Wirken des Vaters, des Sohnes und des Heiligen Geistes.

35. Obwohl Christen den ihnen in Jesus Christus offenbarten Gott auf eine Weise bekennen, die nach ihrer Überzeugung die einzig wahre Weise des Bekennens ist, leugnen sie nicht, daß es in anderen Religionen wichtige Elemente der Wahrheit gibt. Von daher sind Christen zu einer Haltung der Achtung und der Offenheit zum Dialog verpflichtet, und „die Kirchen sollten sich bemühen, den christlichen

Gemeinden praktische Möglichkeiten des Dialogs mit ihren Nächsten, die andere religiöse und ideologische Überzeugungen haben, zu eröffnen. ... Der Dialog sollte in der Regel gemeinschaftlich geplant werden. ... Die Dialogpartner sollten eine Bestandsaufnahme der religiösen, kulturellen und ideologischen Vielfalt an ihrem jeweiligen Ort machen. ... Die Dialogpartner sollten die Freiheit haben, ‚sich selbst zu definieren'. ... Der Dialog sollte Aufklärungsbemühungen innerhalb der Gemeinschaft auslösen"[1].

B. Der allmächtige Vater

36. Christen bekennen den einen Gott als „allmächtigen Vater". Damit bekräftigen sie ihr Vertrauen darauf, daß ihr Leben und Tod von der elterlichen Sorge eines Gottes umfangen sind, dessen Liebe in seinem Sohn Jesus Christus in diese Welt gekommen ist und in der Gemeinschaft des Heiligen Geistes bei uns bleibt. Wenn dieser liebende und treue Gott zugleich als „allmächtig" bezeichnet wird, wird damit auf die Gewißheit verwiesen, daß alles, was Leben, Wirklichkeit und Geschichte ist, nicht sich selbst oder weltlichen Mächten und Gewalten überlassen bleibt, sondern in einem Gott gegründet ist und von ihm getragen wird, dessen Macht genauso grenzenlos ist wie seine Liebe.

37. Heute werden selbst unter Christen diese Grundüberzeugungen herausgefordert. Nach weitverbreiteter Auffassung ist die Vaterschaft Gottes implizit so verstanden worden, daß Gott männlich ist und daß patriarchalische und autoritäre Merkmale kennzeichnend für Gott sind. Deshalb wurde angenommen, daß der Mann mehr dem Ebenbild Gottes entspricht als die Frau, und patriarchalisches und autoritäres Denken steht im Verdacht, mit dem Leben der Kirchen als solchem verflochten zu sein. Darüber hinaus scheint das Bekennen der Allmächtigkeit Gottes die Menschen zu Sklaven einer fernen, unerreichbaren Autorität zu degradieren. Angesichts von Bösem, Sünde, Ungerechtigkeit, Leiden und Tod und den „Mächten", die in dieser Welt am Werk sind, sieht man einen Widerspruch zwischen dem Bekennen der Liebe Gottes und der Allmächtigkeit Gottes.

I. DAS BEKENNTNIS UND SEIN BIBLISCHES ZEUGNIS

a) Der Text des Glaubensbekenntnisses

38. „Wir glauben an ... den Vater, den Allmächtigen."
(AG: „Ich glaube an ... den Vater, den Allmächtigen.")

39. Das Glaubensbekenntnis fährt fort, den einen Gott genauer als den „allmächtigen Vater" zu identifizieren. Vieles von dem, was sonst noch über das Wesen und

---

[1] Vgl. Leitlinien zum Dialog mit Menschen verschiedener Religionen und Ideologien (ÖRK, Genf 1979), Arbeitstexte Nr. 19, VI/79, Evangelische Zentralstelle für Weltanschauungsfragen, Stuttgart, 17-18.

Sein Gottes ausgesagt werden könnte wie Ewigkeit, Weisheit, Güte, Treue wird nicht ausdrücklich genannt. „Allmächtiger Vater" ist die erste Näherbestimmung des Bekenntnisses zu dem „einen Gott". Sie leitet über zu den folgenden Worten: „der alles geschaffen hat, Himmel und Erde . . .", die eine wesentliche Dimension ihrer Bedeutung noch weiter entfalten.

Im ersten Artikel werden Vater und Schöpfer in besonderer Weise zusammengehalten. Im Blick auf die Schöpfung wird vom Sohn gesagt, daß „durch" ihn „alle Dinge gemacht wurden" und vom Heiligen Geist, daß er „der Herr, der Lebensspender" ist; doch als Schöpfer wird in erster Linie der Vater bekannt.

40. „Der Vater, der Allmächtige" kann auf zweierlei Weise verstanden werden, je nachdem ob „allmächtig" als substantivische Apposition zu „Vater" („der Vater, der Allmächtige") oder als ein Adjektiv („der allmächtige Vater") behandelt wird. Beide Interpretationen sind in der Geschichte der Kirche üblich gewesen. Die erste unterscheidet die spezifische Bedeutung von „Vater" und „Allmächtiger"; die zweite betont ihre Verbindung miteinander, vor allem die Näherbestimmung von „Vater" durch „allmächtig" und von „allmächtig" durch „Vater".

41. Zur Zeit der Alten Kirche gab es viele Ansprüche auf universale Herrschaft: den hellenistischen Pantheon, das deterministische Schicksal, die platonischen Vorstellungen, den unbewegten Beweger des Aristoteles, die unpersönliche Weltvernunft der stoischen Philosophie, die esoterischen Lehren und Rituale der Mysterienreligionen, die gnostischen Äonen oder sogar – und nicht zuletzt! – die Apotheose irdischer Herrschaft im römischen Kaiserkult. Gegenüber all diesen Ansprüchen bekannten die Kirche und das Glaubensbekenntnis: Der Vater Jesu Christi und kein anderer ist *Pantokrator*.

42. Im 4. Jahrhundert waren Formulierung und Inhalt des ersten Artikels nicht umstritten. Dennoch mußten sie in früheren Auseinandersetzungen mit dem Gnostizismus verteidigt werden, der eine radikale Unterscheidung traf zwischen dem Vater Jesu Christi und dem Schöpfer oder Ursprung dieses materiellen Universums. Gegenüber solchem Widerstand wurde die Verkündigung des „einen Gottes", des „Vaters", des „Allmächtigen" als des „Schöpfers Himmels und der Erden" erfolgreich bewahrt. Gerade in diesem Zusammenhang ist das besondere Gewicht der Einbeziehung von „Pantokrator" in das Glaubensbekenntnis zu verstehen.

b) Biblisches Zeugnis

„Vater"

43. Im Alten Testament wurde mit der Zeit das Vater-Sohn-Bild zur Charakterisierung der Beziehung zwischen Jahwe und dem Volk Israel verwandt. Weil Jahwe Israel geschaffen und bereitet hat, ist Jahwe Israels Vater (Dtn 32,6). Dieses Vater-

sein besteht in liebevoller und mitleidender Fürsorge (Hos 11,1f; Jer 3,19). Viele der damit verbundenen Eigenschaften schließen solche ein, die häufig als „weiblich" bezeichnet worden sind. Dies wird noch weiter bestärkt durch mütterliche Bilder. Jahwe wird verglichen mit einer Hebamme (Ps 22,9f), einer stillenden Mutter (Jes 49,15) und einer Mutter, die ihr Kind tröstet (Jes 66,13). Doch niemals wird Jahwe als „Mutter" angeredet.

44. Die Vorstellung vom Vatersein Gottes ist von zentraler Bedeutung für das Neue Testament. Am Ende seines Lebens ruft Jesus in Gethsemane „(Abba) mein Vater" (Mk 14,36 par.), und schließlich befiehlt er sich am Kreuz in die Hände seines Vaters (Lk 23,46). Diese Beziehung zu demjenigen, den Jesus seinen Vater nennt, erscheint in den Berichten über Jesu Kindheit, in der messianischen Zusage bei seiner Taufe und in der Art seines Predigens und Betens. In der Sprache des Johannes ist „Vater" nicht nur eines von vielen Bildern, sondern Jesu besondere und kennzeichnende Anredeform für Gott. Vor allem im Gebet redet Jesus Gott als Vater an, wobei er manchmal die Form „Abba" benutzt, was auf eine enge familiäre Beziehung hindeutet. Diese Verbindung zwischen Jesus und seinem Vater ist so eng, daß er zu Philippus sagt: „Wer mich sieht, der sieht den Vater" (Joh 14,9). Der Vater wird im umfassendsten Sinne als ein die Welt liebender Vater darin erkannt, daß er seinen Sohn dahingibt, im Kreuz und in der Auferstehung (Joh 3,16).

45. In den Evangelien gebietet Jesus seinen Jüngern, ebenfalls Gott als „unser Vater" anzureden. Für Paulus ist Gott unser Vater, weil er der Vater Jesu ist, der uns in seiner Barmherzigkeit an dieser einzigartigen Vater-Sohn-Beziehung durch Adoption teilhaben läßt. Der Heilige Geist, der uns mit dem Sohn vereint, macht uns als Brüder und Schwestern dazu frei, Gott „Abba" zu nennen. Diese innige, familiäre Gemeinschaft mit dem Vater steht allen Menschen ohne Unterschied offen (vgl. Röm 8,14-15; Gal 4,6). Nach Jesus erstreckt sich Gottes väterliche Fürsorge auch auf andere Kreaturen (Mt 6,26; vgl. auch 1 Kor 8,6).

Der Allmächtige (Pantokrator)

46. Was Gott als Pantokrator anbetrifft, so bezeugt das Alte Testament an vielen Stellen Jahwes Kraft und Macht, die sich zeigt im Sieg über Feinde und über die verschiedenen Formen des Chaos und sich in der Ordnung der Schöpfung manifestiert (Ps 93). Diese Macht wird sich erweisen im endgültigen Sieg über seine Feinde und im Hereinbrechen eines neuen Zeitalters (Jes 9,6). Das Alte Testament spricht jedoch niemals von einer abstrakten Allmacht, sondern von Gottes Macht, die sich in seinem Handeln offenbart.

47. Im Neuen Testament kommt Pantokrator nur einige wenige Male vor, mit einer Ausnahme nur in der Apokalypse. Bezeichnend dafür ist Offb 1,8: „Ich bin das A und das O, spricht Gott der Herr, der da ist und der da war und der da kommt, der Allmächtige." Diese Aussage hat einen klaren liturgischen Klang und

gleichzeitig eine apokalyptische Färbung. Es ist ein feierlicher, erwartungsvoller und jubilierender Ausruf des Lobpreises und der Hoffnung inmitten einer dunklen und zutiefst ambivalenten Welt, einer Welt, die in den Händen des Antichristen zu liegen scheint.

In der einzigen neutestamentlichen Stelle außerhalb der Apokalypse, in der Pantokrator vorkommt – 2 Kor 6,16-18 – kommt das gleiche tiefe Vertrauen zum Ausdruck. Nachdem sie die Treue und Berufung Gottes gepriesen hat, schließt sie mit den Worten: „So will ich euch annehmen und euer Vater sein, und ihr sollt meine Söhne und Töchter sein, spricht der allmächtige Herr (Pantokrator)" (Vers 18). Der ursprüngliche Sinn des Vaters als Allmächtiger kommt so im Neuen Testament zur Geltung. Er ist *doxologisch* und *eschatologisch*. Er bezeugt die Treue und letztgültige Herrschaft Gottes als Grundlage des Glaubens, der Gewißheit und des Vertrauens.

48. Die Aussage über Gott, den Allmächtigen hat einen noch tieferen Grund im Neuen Testament. Die Grundlage gibt Aufschluß über Wesen und Eigenart der Allmacht Gottes. Es geht um eine so transzendente Macht, daß Gott in der Inkarnation sich in seine eigene Schöpfung hineinbegeben und dadurch siegreich seinen Anspruch auf die Schöpfung geltend machen konnte in dem und durch das, was als absolute und endgültige Negation seiner Macht erschien, die Kreuzigung des fleischgewordenen Sohnes. Der gekreuzigte Christus ist „Gottes Kraft und Gottes Weisheit. Denn die Torheit Gottes ist weiser, als die Menschen sind, und die Schwachheit Gottes ist stärker, als die Menschen sind" (1 Kor 1,24-25). Und in Christi Auferstehung offenbart Gott seine Macht über Sünde und Tod. In diesem Sinne ist Gott allmächtig (Pantokrator), ist er derjenige, der alles trägt, von dessen Händen die Welt und ihr Schicksal sicher umschlossen ist, trotz der Wirklichkeit des Bösen, der Sünde, des Leidens und des Todes. Diese schaffende, neuschaffende und rettende Allmacht wird allen in ihrer Fülle am Ende der Zeit offenbart werden, wenn alles in Christus zur Vollendung geführt wird.

II. AUSLEGUNG FÜR HEUTE

Der Vater

Das Bild des Vaterseins und Vater als persönlicher Name

49. Im Glaubensbekenntnis wird der eine Gott zuerst als der Vater bekannt. Der Vater ist Ursprung aller Göttlichkeit. Der zweite Artikel bekennt darüber hinaus, wie dieser Vater der Vater des einzigen Sohnes ist; und der dritte Artikel sagt schließlich aus, daß dieser Vater derjenige ist, von dem der Heilige Geist ausgeht. Somit muß das Vatersein Gottes in Verbindung mit dem einzigen Sohn und mit dem Heiligen Geist verstanden werden.

Wird das Bekenntnis „gezeugt" zur Beschreibung der ewigen Beziehung des Vaters zum Sohn gebraucht, geht es ihm um die Beziehung des Ursprungs. Hier, wie im biblischen Zeugnis, impliziert die Sprache keine biologische Vaterschaft; sie geht über die geschlechtliche Unterscheidung zwischen männlich und weiblich hinaus, die im kulturellen Umfeld Israels zur polytheistischen Vorstellung von Göttern und Göttinnen gehört hatte.

Weil der menschliche Verstand das Wesen und Sein des transzendenten Gottes niemals völlig erfassen kann, sind Christen immer gezwungen, in ihrem Reden von Gott Worte, Symbole und Bilder zu gebrauchen, von denen sie wissen, daß sie Gott damit nur teilweise und annähernd beschreiben können. Dies trifft im höchsten Maße zu, wenn vom inneren Leben, Ursprung und Verhältnis der Personen der Trinität die Rede ist. Worte aus dem Bereich menschlicher Erfahrung, die Wahrheiten über den Ursprung Gottes ausdrücken, sollen keine geschlechtliche Bedeutung implizieren. Solche Worte ermöglichen es der Kirche zu bekennen, daß in Gott das Leben des Sohnes seinen Ursprung im Vater hat.

Einige patristische Verfasser drücken diesen Ursprung auf andere Weise aus, wie zum Beispiel durch die Quelle und den Fluß, die Sonne und ihre Strahlen, das Prinzip und seine Ableitungen. Diese Bilder enthalten keine geschlechtliche Bedeutung, aber es fehlt ihnen etwas ganz Entscheidendes: die persönliche Beziehung.

50. Wir dürfen die Redeweise vom „Vater" nicht aufgeben, denn auf diese Weise sprach Jesus zum Vater und vom Vater, und so lehrte er seine Jünger, Gott anzureden. In Verbindung mit der von Jesus selbst gebrauchten Redeweise vom Vater hat die Kirche zum Glauben an Jesus als den Sohn Gottes gefunden. Die Redeweise von „Vater" und „Sohn" verbindet die christliche Gemeinschaft durch die Jahrhunderte hindurch zu einer Gemeinschaft des Glaubens. Darüber hinaus ist es die Redeweise, die die persönlichen Beziehungen im inneren Leben der Trinität sowie unseren eigenen Beziehungen zu Gott zum Ausdruck bringt.

51. Die Kirche muß jedoch deutlich machen, daß diese Redeweise weder biologisches Mannsein Gott zuspricht noch impliziert, daß die von uns als „maskulin" bezeichneten und nur Männern zugeschriebenen Eigenschaften die einzigen Eigenschaften Gottes sind. Jesus verwendet nur einige der Merkmale menschlicher Vaterschaft, wenn er von Gott spricht. Er benutzt auch andere Merkmale als die menschlichen Vaterseins. Gott umfaßt, erfüllt und transzendiert nämlich alles, was wir über Menschen, männliche oder weibliche, und über menschliche Eigenschaften, ob maskuline oder feminine, wissen. „Vater" ist jedoch nicht nur eine unter mehreren Metaphern oder eines unter mehreren Bildern, die zur Beschreibung Gottes dienen. Es ist der spezifische Name, mit dem Jesus selbst Gott anredete.

52. Wir dürfen die Namen „Vater" und „Sohn" nicht aufgeben. Sie sind in Jesu enger Beziehung zu dem Gott, den er verkündigte, verwurzelt. Er benutzte auch

andere Merkmale als solche der menschlichen Natur. Über Jesu eigene Redeweise hinaus greift das christliche Reden über Gott auch auf die Quellen der ganzen biblischen Tradition zurück. Dort finden wir „weibliche" Bilder zur Beschreibung Gottes, auf die wir sorgfältiger achten müssen.[1] Das wird sich auswirken auf unser Verständnis der Beziehungen zwischen Männern und Frauen als zum Ebenbild Gottes Geschaffenen und auf die Gestaltung und Wirkungsweise der Strukturen von Kirche und Gesellschaft, die dazu berufen sind, Ganzheitlichkeit zu bezeugen.

Kommentar:

In einigen Kirchen und kulturellen Kontexten wird darüber diskutiert, ob Gott auch als „unsere Mutter" angeredet werden kann. In dieser Diskussion ist die Unterscheidung zwischen Bild und Name wichtig.

Dimensionen des Vaterseins Gottes

53. Das Vatersein Gottes bezieht sich an erster Stelle auf Jesus von Nazareth, der der *Sohn* ist. Es wird verstanden entsprechend der Art, wie Jesus sich gegenüber Gott verhielt und über Gott sprach als seinen Vater im gehorsamen Annehmen seines Leidens und seines Auftrags. Gott ist in Ewigkeit derselbe, wie er in der Geschichte des fleischgewordenen Sohnes, Jesus, offenbart ist. Ewiges Vatersein impliziert ewige Sohnschaft. Die Person des ewigen Sohnes wurde in Jesus von Nazareth Fleisch.

54. Gott ist auch der Vater *der Gemeinschaft all derer, die sein Herrsein anerkennen:* das Volk Israel und auf eine davon unterschiedene, wenn auch damit verbundene Weise, die Christen. Der Vater ruft seine Kinder zu einem Leben der Liebe und des Gehorsams. Dabei ist er nicht der zwingende, autoritäre, beherrschende Vater, der seine Kinder mit Gewalt bei sich hält. Er gesteht ihnen Raum und die Freiheit zu, so zu werden, wie er sie will. Aber er züchtigt seine Kinder auch in Liebe und Erbarmen, während sie durch die Kraft des Heiligen Geistes zur vollen Gestalt der Söhne und Töchter ihres himmlischen Vaters heranwachsen.

55. Durch den Heiligen Geist haben *Christen* teil am Leben des gekreuzigten und auferstandenen Sohnes und sind daher berechtigt, Gott als ihren Vater mit „Abba" anzurufen, wie Jesus es getan hat (Röm 8,14-17). In ihm, mit ihm und durch ihn beten sie füreinander und für die Welt. Als Kinder Gottes haben sie teil an der Beziehung des Sohnes zum Vater. Sie sind Söhne und Töchter Gottes geworden durch Hineinnahme in der Taufe in den Tod und die Auferstehung Jesu Christi. Wie der Sohn gehorsam war bis zum Tod, so sind Christen dazu aufgerufen, den gleichen Weg zu gehen im Wissen darum, daß, wie Gott in väterlicher Liebe den Sohn vom Tod auferweckte, so auch der Vater mit derselben Liebe allen Getauften ewiges Leben schenken will.

---

[1] Vgl. Absatz 43.

56. Gott als Schöpfer und Erhalter ist auch der Vater *aller Dinge* (1 Kor 8,6). Durch den Sohn und durch den Geist erstreckt sich die Vorsehung des Vaters auf alle Geschöpfe und ist darauf ausgerichtet, sie in der Gemeinschaft des Reiches wieder zusammenzubringen. Diese universale Reichweite des Vaterseins Gottes impliziert, daß Christen dazu berufen sind, innerhalb der Menschheitsfamilie mit ihren Brüdern und Schwestern – ob sie diese nun als Freunde oder als Feinde betrachten – Freuden und Leiden zu teilen und für sie zu sorgen.

Der Allmächtige

57. Die enge Verbindung von Schöpfer und *Allmächtiger* mit Vater in der einleitenden Aussage des Glaubensbekenntnisses unterstreicht die Vorstellung, daß Autorität und Herrschaft zum Vatersein Gottes gehören. Der Vater Gott ist derjenige, der über die ganze Schöpfung herrscht und Autorität ausübt, der „Allmächtige". Der hier im Glaubensbekenntnis verwandte Begriff ist Pantokrator, wörtlich „derjenige, der alles hält und regiert". Er bedeutet nicht „einer, der tun kann, was er will" in einer unqualifizierten Weise, sondern vielmehr „einer, in dessen Händen alles liegt". Es geht weniger um eine Beschreibung absoluter Allmacht als um allumfassende Vorsehung. Den Vater „Pantokrator" nennen heißt bekennen, daß das ganze Universum in seiner Hand liegt, daß er es nicht losläßt und es nicht loslassen wird. Gleichzeitig bedeutet dies (zumindest grundsätzlich), daß alle anderen, die Anspruch auf universale Herrschaft, auf ein Regieren und Beherrschen der Welt und ihrer Geschichte und ihres Schicksals erheben, entthront werden.

58. Die Kirche bekennt die unbegrenzte Macht Gottes, seinen gnädigen und barmherzigen Plan für die Menschheit und für die Welt auszuführen und deren Vollendung in seinem Reich in einer neuen Schöpfung, einem neuen Himmel und einer neuen Erde zu bewirken. Der Glaube an Gottes Allmacht schenkt Vertrauen, daß „die Mächte der gegenwärtigen Zeit" – seien sie nun politisch, wirtschaftlich, wissenschaftlich, industriell, militärisch, ideologisch oder gar religiös – keine Gewalt und nicht das letzte Wort über das Schicksal der Welt und der Menschheit haben. Die Herrschaft des Allmächtigen relativiert und richtet sie alle. Sie richtet sich gegen alle anderen Ansprüche auf allmächtige Herrschaft. Sie ist eine Herausforderung jeglicher Form versklavender Bindung. Im Bekennen der Herrschaft des Allmächtigen wird die befreiende Kraft des Schöpfers gefeiert und Hoffnung für jeden einzelnen Menschen und für das ganze geschaffene Universum verkündigt. Die Kirche bekennt und verkündigt diesen Glauben trotz allem, was dem zu widersprechen scheint.

59. Das Bekenntnis der Allmacht Gottes bedeutet nicht, daß man sich Gott vorzustellen hat als einen alles erzwingenden und allmächtigen Tyrannen. Nein, Gottes Macht ist die Macht schöpferischer Liebe und liebender Sorge für seine Geschöpfe. Sie findet ihren Ausdruck in dem geduldigen Warten auf ihre Antwort auf diese Liebe und in der Bereitschaft, Aufbegehren gegen seine Autorität zu erdulden und

sie vor dessen Folgen zu bewahren. Gott setzt die eigenständigen Handlungen seiner Geschöpfe nicht außer Kraft, aber Gottes richtendes Urteil ist unausweichlich, wenn der Sünder nicht umkehrt. Die Sünder haben die Folgen der Sünde zu tragen (Röm 1,18ff), die schließlich zum Tode führen. Die Liebe des Vaters jedoch, die darin zum Ausdruck kommt, daß er den Sohn zur Versöhnung und Erlösung der Welt sendet, ist darauf ausgerichtet zu vermeiden, daß menschliche Sündhaftigkeit Gottes Schöpfung vernichtet.

Allmacht und Theodizee

60. Das Bekenntnis der Allmacht Gottes muß sich den Zweifeln derer stellen, die nicht glauben können, daß die gegenwärtige Welt, die von Naturkatastrophen erschüttert, voller Ungerechtigkeit, Haß, Neid, Eigennützigkeit und Leiden ist, das Werk eines Gottes sein könnte, der gleichzeitig wohlwollend und allmächtig ist. Wie könnte Gott es zulassen, daß die Mächte des Bösen die Oberhand gewinnen und unsägliches Leid über unschuldige Menschen bringen?[1] Dies ist eine der Rechtfertigungen, die für den stärksten Atheismus vorgebracht werden, einen Atheismus des moralischen Protests gegen die Verhältnisse in der Welt, wie wir sie erleben.

61. In der christlichen Tradition hat man so argumentiert, daß das Böse eine Folge der Freiheit ist, die Gottes Gabe für die Menschen ist. Aber dies ist keine erschöpfende Antwort auf die Frage der Theodizee, denn das Böse findet sich auch außerhalb des Bereichs menschlicher Verantwortung. Die letztgültige Antwort liegt im Prozeß der Überwindung des Bösen, des Leidens und des Todes durch Gott, in der Versöhnung der Welt durch den Sohn Gottes. Er nahm das Leiden der Welt auf sich. Erst in seinem Sieg über die Mächte der Sünde und des Todes, der in der zukünftigen Welt vollkommen sein wird, wenn alle Tränen abgewischt werden (Offb 21,4), wird die Schöpfung endgültig mit dem Schöpfer versöhnt sein. Das ist die christliche Hoffnung. In der Zwischenzeit aber sollten Leiden und Ungerechtigkeit der gegenwärtigen Welt nicht die Tatsache verdecken, daß Gott die letztgültige Macht ist, die gegen die Mächte des Bösen anzurufen ist. Dies gibt denjenigen, die an Gott glauben, den Mut und die Hoffnung, die sie brauchen, damit sie im Ringen gegen diese Mächte alles tun, was ihnen möglich ist.

Der allmächtige Vater

62. Zusammenfassend für das oben Gesagte gilt, daß die Begriffe „Vater" und „Allmächtiger" einander bestimmen. Wenn man nur vom Vater spricht und dabei vergißt, daß er allmächtig ist, besteht die Gefahr, das göttliche Vatersein zu trivialisieren und zu sentimentalisieren; wenn man nur vom Allmächtigen spricht, als wäre er nicht gleichzeitig auch der Vater, besteht die Gefahr, die dämonische Vorstellung einer rein willkürlichen Macht zu entwerfen. Nur wenn die beiden Aspekte zusammengehalten werden und ihre Auslegung sich von der Offenbarung ihrer Bedeutung in Jesus Christus leiten läßt, können diese Gefahren vermieden werden.

---

[1] Vgl. auch Abs. 26, 82 und 154ff.

C. Der Schöpfer und seine Schöpfung

63. Christen glauben, daß die Welt, in der sie leben, kein autonomes Gebilde ist, das seinen Ursprung, sein Leben und sein Schicksal in sich selbst hat. Sie glauben vielmehr daran, daß die Welt das Werk Gottes, des Schöpfers, ist, der sie aus dem Nichts („ex nihilo") durch sein Wort ins Dasein gerufen hat. Gott war nicht nur die Ursache ihrer Existenz am Anfang, sondern ist auch die ständige Quelle ihres Lebens und das letzte Ziel ihres Bestehens.

64. Diese Glaubensüberzeugung wird *herausgefordert,* weil heute viele unter dem Einfluß moderner Wissenschaft meinen, daß die Welt autonom und eigenständig ist und weder einen transzendenten Ursprung noch eine erhaltende Kraft benötigt. Dieses Weltbild ist verbunden, wenn auch nicht eine notwendige Folge davon, mit dem Aufkommen der modernen Naturwissenschaft. Eine weitere Herausforderung ergibt sich für die christliche Schöpfungsauffassung aus der gesellschaftlichen Realität der säkularisierten Gesellschaft, in der Religion als ein Faktor von grundlegender Bedeutung bei der Schaffung und Erhaltung der sozialen Ordnung überflüssig zu sein scheint.

65. Eine weitere Herausforderung der christlichen Sicht der Schöpfung kommt von denen, die zwar daran glauben, daß die Schöpfung in Gott ihren Ursprung hatte, aber der Meinung sind, daß sie Gottes Händen jetzt entglitten ist. Die heutigen Wirtschaftsstrukturen bringen eine grenzenlose Ausbeutung der natürlichen Ressourcen mit sich und gefährden das ökologische Gleichgewicht des Lebens; Kernwaffen stellen eine Bedrohung für das Überleben der Menschheit und vielleicht sogar des Planetensystems dar, während durch Genmanipulation Menschen eine unbeschränkte Kontrolle über Gottes Geschöpfe ermöglicht wird. Auf diese Weise wird durch die moderne wissenschaftsorientierte Kultur die christliche Glaubensüberzeugung herausgefordert, daß die Schöpfung in Gott ihren Ursprung hatte, daß sie durch ihn ständig erhalten und von ihm gelenkt wird nach seinem Plan und daß Männer und Frauen in Gottes Schöpfung verantwortliche Haushalter seiner Schöpfung sind.

I. DAS BEKENNTNIS UND SEIN BIBLISCHES ZEUGNIS

a) Der Text des Glaubensbekenntnisses

66. „Wir glauben an den einen Gott...,
    der alles geschaffen hat, Himmel und Erde,
    die sichtbare und die unsichtbare Welt."
    (AG: „Ich glaube an Gott...,
    den Schöpfer des Himmels und der Erde.")

67. Die Kirche hat vom Alten Testament den Glauben geerbt, daß Gott „Himmel und Erde, die sichtbare und die unsichtbare Welt geschaffen hat" (Gen 1,1ff; Kol

1,15f), und wie Israel hat sie sich Fragen nach dem Gutsein der Schöpfung Gottes und nach dem Geheimnis des Bösen (2 Thess 2,7) in der Welt stellen müssen. In den ersten Jahrhunderten nach Christus wurde die Interpretation der Schöpfung erneut kontrovers, als häretische Lehren einen tiefen Keil trieben zwischen die sichtbare und die unsichtbare Welt, zwischen Geist und Materie, zwischen den Gott des Alten Testaments und der Schöpfung einerseits und den Gott und Vater Jesu Christi andererseits, zwischen Israel und die Kirche, zwischen die alttestamentlichen und die neutestamentlichen Schriften.

68. Die christliche Tradition lehrte, daß alles von Gott kommt im Gegensatz zur Auffassung, daß die Welt aus einer präexistenten Materie gebildet wurde – eine Glaubensvorstellung, die in verschiedenen Formen des Platonismus ihren Ausdruck fand. Demgegenüber argumentierte die frühe christliche Theologie, daß nicht nur die Gestalt der Materie, sondern die Existenz alles Seienden von Gott kommt („ex nihilo"). Damit wurde der Gedanke der Ko-Eternität des Kosmos und auch die Vorstellung einer ungeschaffenen Materie ausgeschlossen.

b) Biblisches Zeugnis

69. Obwohl Jahwe bereits seit früher Zeit als Schöpfer verstanden wurde, kam *Israel* im Laufe seiner Geschichte dazu, den Gott Israels als Herrscher über alle anderen Mächte zu verkündigen. In der Zeit des Exils nach der Zerstörung Jerusalems und des Tempels, im Kontext des Ringens gegen die scheinbare Erniedrigung und Niederlage Jahwes durch die Babylonier verkündigte Deuterojesaja, daß Jahwe der einzige Gott, der Schöpfer und Herrscher über alles ist. Der Herr schuf nicht nur die Welt durch sein Wort, sondern durch dieses selbe Wort lenkt Gott auch den Lauf der Geschichte (Jes 55,11). Darüber hinaus werden Gottes ständige Sorge für die Welt und seine Heilstaten in der Geschichte des Volkes als Taten der Neuschöpfung interpretiert. Diese Taten werden im eschatologischen Akt der Erlösung und Neuschöpfung ihren Höhepunkt finden (Jes 51,10).

70. Israels Schöpfungsglaube findet seinen ausführlichsten Ausdruck in Genesis 1 und 2. Diese Kapitel gehen in vielem auf die religiösen Traditionen im Nahen Osten der Antike zurück, besonders auf die Kanaaniter und die Babylonier. Obwohl hinter der Schöpfungsgeschichte Spuren eines Glaubens an die Schöpfung aus irgendeiner bereits bestehenden Materie festgestellt werden können, brachte der Genesisbericht Israels eigenen Glauben zum Ausdruck, daß Gott die Schöpfung durch sein gebietendes Wort schuf (Gen 1). Der Schöpfungsbericht in Genesis kann daher zu Recht im Sinne einer Schöpfung „ex nihilo" interpretiert werden (2 Makk 7,28; vgl. auch Röm 4,17).

71. Das Alte Testament bekennt, daß das ganze Universum durch Gott geschaffen wurde und von ihm als seinem Schöpfer abhängig ist (Gen 1,1-2,25; Ps 8; Jes 44,25-26); die Schöpfung zeigt Gottes Weisheit und Macht (Ps 104,24; Spr 3,19-20);

trotz der ihr innewohnenden Ambiguitäten bezeugt sie Gottes beständige Liebe und Fürsorge (Ps 136, 4-9). Die Majestät Gottes, wie sie sich in der Schöpfung widerspiegelt, ist Grund für Anbetung und Danksagung, für Vertrauen und Gehorsam gegenüber Gott (Ps 95; Jes 40,27-31). Darüber hinaus wird die Schöpfung durch Jahwes fortwährende Kraft erhalten und erneuert (Ps 104,29-30).

72. Im Neuen Testament tritt die *soteriologische* und *eschatologische* Bedeutung der Schöpfung im Kontext des Wirkens Jesu Christi und des Heiligen Geistes in den Vordergrund: Gott, der am Anfang schuf, schafft jetzt neu und wird in Zukunft schaffen (Mk 13,19; Eph 2,10; Offb 1,8). Am Ende wird Gott alles in allem sein (1 Kor 15,28), und es wird „einen neuen Himmel und eine neue Erde" geben (2 Petr 3,13; Offb 21,1; vgl. Jes 65,17; 66,22). Alle Geschöpfe und die Natur selbst werden umgewandelt werden und an Gottes neuer Welt teilhaben (Röm 8,19-23).

73. Gemäß dem Neuen Testament hat die Ordnung der Schöpfung ihren Grund in Christus (1 Kor 8,6; Joh 1,1-18). Gott schafft, erhält, erlöst und vollendet seine Schöpfung durch Christus, der die Mitte alles Seienden ist (Kol 1,15-17; Eph 1,9-10; Hebr 1,2-3). Dieser göttliche Heilsplan ist jedoch nicht als ein kontinuierliches Fortschreiten auf die Vollendung hin zu verstehen, sondern hat vielmehr mit den *zerstörerischen Kräften* zu ringen, die sich aus der sündhaften Selbstbezogenheit und Eigennützigkeit, der Ursache des Bösen und des Leidens in Gottes Schöpfung, ergeben (Eph 6,12). Nach den Aussagen des Neuen Testaments führen die zerstörerischen Kräfte schließlich beim einzelnen Menschen zum Tod und zum endgültigen Zusammenbruch der geschaffenen Welt. Allein Gottes erhaltendes und erlösendes Handeln stellt sich diesen in der Welt wirkenden Kräften des Bösen entgegen und begrenzt sie und wird sie schließlich überwinden (1 Kor 15,25-26). Die unter Christus als ihrem Haupt lebende Kirche (Kol 1,18; Eph 1,22-24), deren Glieder ständig zum Ebenbild des Gottessohnes umgewandelt werden (Röm 8,29; 1 Kor 15,49), hat eine neue Schau von dem endgültigen Plan des Schöpfers und Erlösers, indem sie fest an die zukünftige Auferstehung des Leibes und an das Leben der zukünftigen Welt glaubt.

74. Der Glaube an die schöpferische Kraft des Wortes Gottes (Gen 1; Joh 1,1-3; Hebr 11,3) und das Vertrauen darauf, daß Gott in der Lage ist, „aus dem Nichts" zu schaffen (Röm 4,17; Hebr 11,3; vgl. Mt 3,9), sind charakteristisch für den christlichen Glauben an Gott den Schöpfer.

II. AUSLEGUNG FÜR HEUTE

Der alles geschaffen hat, Himmel und Erde, die sichtbare und die unsichtbare Welt

75. Der erste Artikel bekennt, daß der eine Gott, der Vater, der Allmächtige, auch „alles geschaffen hat, Himmel und Erde, die sichtbare und die unsichtbare Welt". Im zweiten Artikel wird weiter erläutert, daß der Sohn des Vaters derjenige ist,

„durch den alles geschaffen wurde". Schließlich bekennt der dritte Artikel, daß der Heilige Geist, der aus dem Vater hervorgeht, „lebendig macht", und er schließt mit einem eschatologischen Hinweis auf die „Auferstehung der Toten und das Leben der kommenden Welt". Auf diese Weise wird bekräftigt, daß der eine Gott, der allmächtige Vater, durch den Sohn (Kol 1,16) und durch den Heiligen Geist (Ps 104,30) der *Schöpfer* ist.

76. Glaube an Gott den Schöpfer beinhaltet, daß die *Welt* die gute Schöpfung des Vaters ist und nicht eine ihm gegenüber feindliche böse Welt. Weil die Welt Gottes Gabe ist, ist sie ihrem Wesen nach gut. Ihr von Gott gegebenes Gutsein wohnt aller Schöpfung inne, ob sichtbar oder unsichtbar, und hält im Kosmos wie in den Menschen das Sichtbare und Unsichtbare zusammen. Das Glaubensbekenntnis hebt hervor, daß Gott der Schöpfer für beides ist, „Himmel und Erde, die sichtbare und die unsichtbare Welt". Das bedeutet, daß das geschaffene Universum nicht nur aus jenen materiellen, faßbaren Realitäten der Welt besteht. Die Trennungslinie zwischen dem Sichtbaren und dem Unsichtbaren scheint sich im Prozeß menschlicher Erfahrung und wissenschaftlicher Beschreibungen der Welt der Schöpfung zu verschieben. Es wird aber immer einen Unterschied geben zwischen dem, was wir erfassen können, und dem, was jenseits unseres Erfassens liegt. Die unsichtbaren (geistigen, unbewußten und übersinnlichen) Dimensionen, die zur Ganzheit der Schöpfung Gottes gehören, sind – gemäß dem Bekenntnis – genau wie die materielle Welt auch ein Ort (locus) für Gut und Böse. Unabhängig von der Unterscheidung zwischen der sichtbaren und der unsichtbaren Seite der Schöpfung gibt es im christlichen Verständnis der Welt keinen Dualismus und keine Trennung zwischen dem „Materiellen" und dem „Geistigen", wenngleich christliches Denken zuweilen von solchen Vorstellungen angezogen wurde. Die Spannung zwischen beiden gehört zu unserem gegenwärtigen zeitlichen Leben, wird aber durch die Verwirklichung der eschatologischen Vision überwunden werden (vgl. 1 Kor 13,12).

77. Die Kontingenz individuellen Daseins wie die Existenz der Welt, die Unsicherheit und Zerbrechlichkeit allen Lebens erinnern den Christen an die völlige *Abhängigkeit* der endlichen Wirklichkeit von der Macht Gottes, die alle endliche Realität und Ordnung transzendiert. Diese Abhängigkeit betrifft jeden Augenblick menschlichen Lebens und die fortdauernde Existenz der natürlichen und sozialen Welt und ihrer Ordnung. Sie umgreift beides, den Ursprung ihrer Existenz und deren Bewahrung in jedem Augenblick. Die Vorstellung der „creatio ex nihilo" bezieht sich entsprechend auf beide Aspekte. Für die Christen bestärkt dies die Überzeugung vom Gutsein der Schöpfung.

Der dreieinige Gott und seine Schöpfung

78. Das trinitarische Verständnis Gottes ist unerläßlich für ein christliches Verständnis der Beziehung Gottes zur Welt als Schöpfung. Der eine Gott ist sowohl transzendent gegenüber als auch gegenwärtig in seiner Schöpfung. Darüber hinaus

nimmt jede göttliche Person des einen Gottes – Vater, Sohn und Heiliger Geist – an dieser Transzendenz *und* dieser Immanenz teil. Wenn Christen von Gottes Werken im Blick auf die Schöpfung in Beziehung zu den göttlichen Personen sprechen, sollten sie immer nachdrücklich darauf bestehen, daß die drei Personen an diesem Handeln voll beteiligt sind. Wenn sie also sagen, daß Gott der Vater, die Quelle des dreieinigen Wesens (vgl. Abs. 18), der Gott über der Schöpfung ist, der „am Anfang" alles Seiende aus dem Nichts erschuf, dann erinnern sie sich daran, daß dieses Werk durch das Wort, den Sohn Gottes, und durch den Heiligen Geist, den „Creator Spiritus", vollbracht wurde. Oder wenn sie von der Menschwerdung des göttlichen Wortes sprechen, das Fleisch wurde (vgl. Joh 1,14), dann bekräftigen sie damit auch, daß Gott der Vater und Schöpfer darin seine Treue gegenüber der Schöpfung und in der Schöpfung manifestiert. Sie bekräftigen auch, daß – wie am Anfang so auch in der Inkarnation – der Heilige Geist aktiv ist. Er führt das Werk des Vaters und des Sohnes zur Vollendung, so daß alles erfüllt wird in Christus, dem Erstgeborenen aller (Kol 1,15). Und wiederum wenn sie das Werk des Heiligen Geistes in der Schöpfung bekräftigen, der Leben schenkt, beseelt und die Schöpfung zur Vollendung ihrer Bestimmung befähigt, dann preisen sie Gott den Vater, dessen geheimnisvoller Plan alles umfaßt (vgl. Eph 1,9), und Gott den Sohn, in dem alles Sichtbare und Unsichtbare zusammenhält. So ist es also immer ein und derselbe dreieinige Gott, der in allen Aspekten seines Werkes wirksam ist.

Gottes Herrlichkeit in der Schöpfung

79. Die Schöpfung ist fest gegründet, sehr gut und wunderbar, weil sie von Gott, dem Schöpfer, kommt. Sie ist nicht nur zum Gebrauch durch die Menschheit geschaffen: Gott der Schöpfer freut sich an seinem Werk (Gen 1,31). Die ganze Menschheit hat an dieser Freude teil und erkennt in gewisser Weise die ewige Macht und Gottheit Gottes in seinem Werk (Röm 1,20). Israel erkennt in der Schöpfung die charakteristischen Merkmale der *Herrlichkeit* Gottes auf Erden und im Himmel (Ps 8,2; Jes 6,1-3). Die Kirche bekräftigt die Gegenwart der Herrlichkeit Gottes in der ganzen Schöpfung und erfreut sich daran mit Danksagung. Dies geschieht besonders in der Liturgie, in der in Gemeinschaft mit denen, die leiden, die Kirche die Verwandlung und Erneuerung aller Schöpfung durch Gott feiert – eine Erneuerung, die ihre Vollendung im Reich Gottes finden wird.

80. All dies bedeutet, daß die gesamte Schöpfung durch die Gegenwart und Wirksamkeit des dreieinigen Gottes in ihr von seiner Herrlichkeit erfüllt ist (Jes 6,3) und am Ende durch die Teilhabe an Gottes Herrlichkeit verwandelt werden wird (Röm 8,22). Daher darf in der christlichen trinitarischen Auffassung die Schöpfung in keiner Weise als etwas gesehen werden, was von Gott getrennt ist, wie die deistische Auffassung meint, oder was mit Gott gleichgesetzt wird, wie die pantheistische Auffassung behauptet.[1] Vielmehr kann die Schöpfung, wenngleich sie

---

[1] Vgl. Absatz 21.

anders ist als Gott und noch immer in „der Knechtschaft der Vergänglichkeit" ist und „seufzt und sich ängstet" (Röm 8,21-22), nur recht verstanden werden in Beziehung zu Gott als ihrem Schöpfer, Erlöser und Erhalter.

Gott regiert und erhält seine Welt

81. In seiner Providenz sorgt Gott für seine Schöpfung. Er antwortet auf das Bedürfnis eines jeden Geschöpfs nach Erhaltung seiner Existenz, das sich jeden Tag neu stellt. Gott hat nicht den Kosmos damals am Anfang geschaffen und ihn dann sich selbst überlassen. Vielmehr bewahrt und erhält Gott durch sein ständiges Schöpferwirken seine Schöpfung in jedem Augenblick.

82. Die Kirche erkennt, daß das Gutsein und die Ganzheit der Schöpfung ständig bedroht sind durch Tod und Zerfall, Naturkatastrophen und vielfältige Leiden der Geschöpfe. So ist die ganze Geschichte der Schöpfung gekennzeichnet durch eine gewisse Zweideutigkeit, die ein Merkmal dieser Welt zu sein scheint, wie sie in täglicher Erfahrung erlebt wird (vgl. Abs. 60-61). Dennoch erwarten die Christen vom Erlösungswerk Jesu Christi her, daß die ganze Schöpfung von den zerstörerischen Kräften des Dunklen und Bösen endgültig geheilt, befreit und wiederhergestellt wird, und sie blicken nach vorn auf den Tag, wenn Christus die ganze Schöpfung im ewigen Reich Gottes zusammenbringen und vollenden wird (vgl. Röm 8,22f und Abs. 268-271).

83. So wird die Schöpfung nicht nur durch Gott bewahrt. Er ist auch ihr Herr, der alles in der Schöpfung gemäß seinem Willen *leitet* und es entsprechend seinen Plänen zu seiner endgültigen Vollendung führt und es nicht den Folgen der zerstörerischen Kräfte des Bösen überläßt. Gott ist in allen Dingen am Werk, um Gutes aus Bösem zu machen (Gen 50,20). Somit wird die Herrlichkeit des dreieinigen Gottes, der sie schafft, erhält und in Antizipation des kommenden Gottesreiches regiert, von der sichtbaren und unsichtbaren Schöpfung widergespiegelt und bezeugt, auch wenn Menschen dies von sich aus nicht zu erkennen vermögen.

Die Verantwortung der Menschheit in der Schöpfung

84. In christlicher Perspektive ist die Menschheit zum Ebenbild ihres Schöpfers geschaffen worden (Gen 1,26-27). Damit kommt ihr eine unveräußerliche Würde zu, die die Achtung des menschlichen Lebens fordert (Gen 9,6). Dies führt zum Lob der Schöpfung und des Schöpfers. Gleichzeitig ist den Menschen die *Verantwortung* übertragen, Gottes Vertreter zu sein. Im Blick auf die Schöpfung sind sie Mitarbeiter in ihr sowie Haushalter der Schöpfung und sogar Herrscher über sie (Gen 1,26ff; Ps 8,4-8) – sie sollen für alles Geschaffene sorgen: Menschen, Tiere, Pflanzen und alle Schätze der Erde. Das bedeutet, daß die Menschen frei sind, eine Welt der Kultur zu schaffen, zu der, neben anderen, die Künste wie auch Wissenschaft und Technologie gehören, und sie unter Gott zu feiern und zu gebrauchen.

85. In jüngster Zeit ist der Vorwurf erhoben worden, daß das biblische Gebot, Haushalter der Schöpfung und sogar Herrscher über sie zu sein, zu Entwicklungen beigetragen hat, die die Schöpfung zu zerstören drohen. Aber diese Entstellung von Haushalterschaft entwickelte sich dort, wo der Auftrag der Herrschaft über die Welt in einem Prozeß der Emanzipation von der Rechenschaftspflicht gegenüber dem Schöpfer getrennt worden ist. Dies geschah auch dort, wo Christen das biblische Gebot im Sinne unbegrenzter menschlicher Autonomie, die zu einer mißbräuchlichen Herrschaft über die Schöpfung und einer Vernachlässigung der dem dreieinigen Gott geschuldeten rechten Haushalterschaft führt, mißverstanden haben. Wird es jedoch in seinem wahren Kontext und Sinn verstanden, dann fordert das biblische Gebot Menschen dazu auf, Mitarbeiter mit Gottes Wirken zu werden, seine Schöpfung zu bewahren und zu vollenden.

Die drohende Zerstörung und Gottes Handeln zur Rettung seiner Schöpfung

86. Es ist die Realität menschlicher Sünde, die menschliche Haushalterschaft pervertiert und die Schöpfung bedroht. Die Menschheit weigert sich, gegenüber Gott Rechenschaft abzulegen, reißt die Herrschaft über die Welt an sich und setzt sich so an die Stelle Gottes. Als Folge davon wird die Schöpfung mißbraucht und menschliches Leben zerstört. Indem sie Gottes Gebot nicht gehorcht, mißbraucht die Menschheit Gottes gute Schöpfung für eigennützige Zwecke durch Ausbeutung der Natur, Zerstörung der Umwelt und menschlicher Wesen und durch den Gebrauch von Wissenschaft und Technik zur Vernichtung von Leben statt zu dessen Förderung.

87. In Jesus Christus hat Gott zur Rettung seiner Schöpfung gehandelt. Durch Jesus Christus, den Erstgeborenen der neuen Schöpfung, hat Gott die Menschheit erneuert und erneuert sie weiterhin. Frauen und Männer werden ständig dazu befreit, ihre Haushalterschaft im Blick auf Gottes Schöpfung zu entdecken und zu erneuern.

Ethik der Schöpfung

88. Diese Wiederherstellung der Menschen in Christus begründet für Christen eine ethische Verantwortung im Umgang mit Schöpfung und Umwelt. Eine solche Ethik fordert von Frauen und Männern das Aufgeben der unangemessenen Vorteile, die sie sich angemaßt haben, um Kontrolle über die Natur zu gewinnen. Der christliche Glaube an die Schöpfung verlangt einen sorgsameren und verantwortlicheren Gebrauch von Wissenschaft und Technik, Widerstand gegen die Zerstörung von Menschenleben und Vorrang menschlichen Lebens und menschlicher Beziehungen gegenüber materiellen Dingen.

89. Die Schöpfung selbst ist lebendig durch die dynamische Kraft des in ihr wirkenden Geistes Gottes. Sich an der Schöpfung zu freuen, in ihren Lobpreis Gottes

einzustimmen, ist nicht nur legitim, sondern gut und recht. Diese Freude ermöglicht es Menschen, sich ihrer Aufgabe zu stellen. Sich dieser Aufgabe zu verweigern bedeutet, sich zu den in der Schöpfung wirksamen zerstörerischen Kräften zu gesellen. Doch selbst wo diese Kräfte am Werk sind, haben Christen in Hoffnung die Gewißheit, daß das Schicksal der Schöpfung in Gottes Händen bleiben wird. Gott wird die Schöpfung zur Vollendung führen in einem neuen Himmel und einer neuen Erde. Daher können Christen auch heute Gott, den Vater aller guten Dinge, ehren, preisen und verherrlichen, der seinen Sohn sandte, um seine Schöpfung zu erlösen, und der ihr durch seinen Heiligen Geist neues Leben schenkt, bis er sie zu ihrer endgültigen Vollendung bringen wird.

TEIL II

Wir glauben an den einen Herrn Jesus Christus

A. Jesus Christus – Mensch geworden für unser Heil

90. Die Kirche bekennt, preist und dient Jesus Christus als Herrn. Dieses Bekenntnis beruht auf einer einzigen zentralen Erkenntnis, nämlich daß wir in Jesus Gott als unserem Heiland begegnen. Dazu macht das Glaubensbekenntnis drei bekennende *Aussagen.*

(a) In Christus offenbart sich uns Gott und tritt in eine neue und umfassende Beziehung zu uns ein.

(b) Jesus ist nicht nur der ewige Sohn des Vaters, er ist auch ganz Mensch, und in ihm wird die menschliche Natur durch die gnädige Gegenwart Gottes vollkommen wiederhergestellt und umgewandelt.

(c) Durch Christi Inkarnation „für uns und zu unserem Heil" ist Gott gegenwärtig und lebendig inmitten menschlicher Situationen – gerade auch in Armut, Schmerz und Tod –, die selten mit Gott in Verbindung gebracht werden.

91. Diese Grundüberzeugungen sehen sich einer Reihe von *Herausforderungen* gegenüber:

(a) Der Gedanke eines präexistenten Wesens, das in Jesus Christus inkarniert wurde und ein wahrhaft menschliches Leben mit einer menschlichen Persönlichkeit annahm, erscheint dem modernen Denken fremd und wird für mythologisch gehalten. Außerdem vermutet man, daß die Aussagen über die Beziehung des präexistenten Sohnes zum Vater mehr auf die altgriechische Metaphysik als auf das biblische Zeugnis von Jesus Christus zurückgehen. Dementsprechend wird das Bekenntnis zu Jesus Christus als dem inkarnierten Sohn Gottes häufig durch moderne Vorstellungen von Jesus als einem Helden, einem Mystiker, einem religiösen Lehrer oder Genius, einem Revolutionär oder einem moralischen Vorbild ersetzt.

(b) Der christlichen Lehre, daß Gottes eingeborener Sohn in Jesus von Nazareth Mensch wurde, wird vorgeworfen, ein wesentlicher Punkt interreligiöser Kontroverse zu sein, weil diese Lehre dazu führt, eine einzigartige und absolute Bedeutung Jesu Christi für alle Menschen zu beanspruchen.

(c) Der christliche Glaube an die Inkarnation von Gottes Sohn zu unserem Heil scheint im Widerspruch zu ständig wiederkehrenden Erfahrungen des Bösen, Leidens und Todes im persönlichen wie im gesellschaftlichen Leben zu stehen. So scheint Gott unserer Welt nicht weniger fern zu sein als vor der Geburt und dem Wirken Jesu Christi.

I. DAS BEKENNTNIS UND SEIN BIBLISCHES ZEUGNIS

a) Der Text des Bekenntnisses

92. „Und an den einen Herrn Jesus Christus,
Gottes eingeborenen Sohn,
aus dem Vater geboren vor aller Zeit:
Licht vom Licht,
wahrer Gott vom wahren Gott,
gezeugt, nicht geschaffen,
eines Wesens mit dem Vater,
durch ihn ist alles geschaffen.
Für uns Menschen und zu unserm Heil
ist er vom Himmel gekommen,
hat Fleisch angenommen
durch den Heiligen Geist
von der Jungfrau Maria
und ist Mensch geworden."
(AG: „Und an Jesus Christus,
seinen eingeborenen Sohn, unsern Herrn,
empfangen durch den Heiligen Geist,
geboren von der Jungfrau Maria.")

93. Das Bekenntnis betont, daß es keine Zeit gab, in der Gott als ein alleinseiendes und undifferenziertes Wesen existierte, als ein potentieller Vater ohne einen Sohn. Der Sohn ist ewig und geht aus dem Vater hervor, so wie Licht ohne Pause oder Unterbrechung aus einer Flamme strömt. Was der Vater ist und tut, ist und tut auch der Sohn. Der Vater ist Schöpfer, aber nicht allein; als Vater des Sohnes schöpft er mit dem Sohn und durch den Sohn.

94. Der schwierigste und umstrittenste Ausdruck in diesem Teil des Glaubensbekenntnisses ist das *„homoousios"* – „eines Wesens mit dem Vater". Der Hauptgrund für den Gebrauch dieses Begriffs war, jegliche Vorstellung auszuschließen, daß der Sohn eine andere – abhängige und geschaffene – Art von Wirklichkeit ist als der Vater. Im Gegensatz dazu ist der Sohn trotz seiner Abhängigkeit vom Vater untrennbar vom Leben des Vaters: Der Sohn lebt wie der Vater in bedingungsloser Liebe, Freiheit, Ewigkeit und Schöpferkraft. Gott existierte somit immer in Beziehung, als eine Bewegung der ausgegossenen und erwiderten Liebe, des Gebens und Antwortens. Wie spätere Kirchenväter (z. B. Gregor von Nazianz) es ausdrückten, bedeutet das Wort „Gott" nichts anderes als das zwischen Vater, Sohn und Heiligem Geist aktiv geteilte Leben. Die spezifische Bedeutung der durch das „homoousios" zum Ausdruck gebrachten Intention besteht darin, daß unser Heil in Jesus Christus von niemand anderem als von Gott bewirkt worden ist.

95. Obwohl im Glaubensbekenntnis von Nizäa-Konstantinopel nichts ausgesagt wird über den *Modus* der bestehenden Einheit zwischen Jesus und dem ewigen

Sohn, hat das Konzil von Chalkedon im fünften Jahrhundert diesen Modus durch das Konzept der „hypostatischen Union" der beiden Naturen in Christus erklärt und definiert: Die göttliche und die menschliche Natur sind nicht miteinander vermischt noch voneinander getrennt, sondern die menschliche Natur erhält ihre besondere und einzigartige Seinsweise dadurch, daß sie voll und ganz durch die aktive Gegenwart des ewigen Wortes erhalten wird. Somit ersetzt das göttliche Wort nicht irgendeinen Teil der menschlichen Existenz Jesu, sondern wirkt durch sein vollkommenes Menschsein.

Kommentar:

Die einzelnen Aussagen über Christus als menschgewordenen Sohn Gottes müssen im Kontext der christologischen Auseinandersetzungen des frühen 4. Jahrhunderts verstanden werden. Bei der Krise dieser Periode ging es strenggenommen nicht um die „Inkarnation". Alle Parteien waren sich darin einig, daß Jesus nicht zureichend nur als ein menschliches Wesen beschrieben oder verstanden werden kann. Worum es ging, war die Natur dessen, was Mensch wurde.

In der Debatte, die zum Konzil von Nizäa (325) führte, behauptete Arius, daß allein Gott der Vater ohne Ursache ist und daher der allein wahre Gott ist, während alles andere, der Sohn eingeschlossen, durch sein verursachendes Wirken existiert. Allein der Vater braucht keinen anderen als sich selbst und hat keine natürliche Beziehung zu irgend etwas außerhalb seiner selbst. Er kann sich dazu entschließen, ein „Vater" zu werden, indem er ein Geschöpf entstehen läßt, das er als einen Sohn behandeln will; aber diese Beziehung gehört nicht zum Sein Gottes. Sie ist allein von seinem Willen abhängig. Der Sohn braucht nicht zu existieren und trägt keine natürliche Verwandtschaft zu Gott in sich. Diese Lehre des Arius wurde auf dem Konzil von Nizäa (325) von der Kirche abgelehnt.

b) Biblisches Zeugnis

96. Das Glaubensbekenntnis setzt die Präexistenz und Göttlichkeit Jesu Christi voraus, der bekannt wird als „wahrer Gott vom wahren Gott", „aus dem Vater geboren vor aller Zeit" und „durch ihn ist alles geschaffen". Obwohl der Begriff „homoousios" selbst im biblischen Sprachgebrauch nicht vorkommt, ist das Bekenntnis durchweg inhaltlich „biblisch", und es ist offenkundig, daß die Väter von Nizäa und Konstantinopel im Neuen Testament selbst Belege für die Göttlichkeit Christi gefunden haben.

97. Die eindeutigsten Hinweise sind in den *johanneischen Schriften* zu finden. Im *Johannesevangelium* wird Jesus als der Logos dargestellt, der zu einem bestimmten Augenblick in der Zeit Fleisch annahm (Joh 1,14), wobei seine Herrlichkeit keine andere als die Herrlichkeit des Vaters selbst war (V.15). Mit anderen Worten, der Logos ist präexistent und göttlich. Vor seiner Inkarnation „war das Wort Gott" (V. 1),

„alle Dinge sind durch dasselbe gemacht, und ohne dasselbe ist nichts gemacht, was gemacht ist" (V. 2). Vor seinem Tod betet Jesus zum Vater: „Und nun, Vater, verherrliche du mich bei dir mit der Herrlichkeit, die ich bei dir hatte, ehe die Welt war" (17,5; s. V. 24); „und ich habe ihnen die Herrlichkeit gegeben, die du mir gegeben hast, damit sie eins seien, wie wir eins sind" (V. 22). Nach der Auferstehung bekennt Thomas Jesus als „Herr und Gott" (20,28).

98. In der *Offenbarung des Johannes* wird Jesus Christus, das „Lamm", im gleichen Atemzug, wie Gott *als Gott* angeredet wird, in Verherrlichung und Gebet angeredet (5,13; 7,10). Sie sind ja beide der Tempel des neuen Jerusalem (21,22); beide sitzen auf demselben Thron (22,1 und 3). Deshalb wird Jesus Christus als Gott selbst dargestellt: derjenige, der „bald kommt" (22,12-20); derjenige, der (seinen) „Engel (zu Johannes) gesandt hat, euch dies zu bezeugen für die Gemeinden" (V. 16) sowie auch derjenige, der „das A und das O, der Erste und der Letzte, der Anfang und das Ende" ist (V. 13; s. auch 1,8) – wie Gott selbst (21,6).

99. Es gibt noch zahlreiche andere Bibelstellen, die von den Kirchenvätern als Zeugnis für das Einssein Jesu Christi als Sohn mit dem ewigen Gott angeführt wurden, während die moderne exegetische Forschung sie für mehrdeutig hält. Dies gilt besonders für den Gedanken der Präexistenz: Es ist nicht völlig klar, daß der präexistente Sohn auf derselben Ebene der Göttlichkeit wie der Vater göttlich ist.

100. Im *Hebräerbrief* ist der Sohn präexistent (1,2). Er spiegelt die Herrlichkeit Gottes wider und „ist das Ebenbild seines Wesens" (V.3). Psalm 102,25-27, der von Gott als dem Schöpfer spricht (1,10-12), wird als direkt an den Sohn gerichtet zitiert (1,8). Außerdem wird der Sohn im selben Vers mit den Worten von Psalm 45,6 als „Gott" angeredet.

101. Die *Paulusbriefe*. Der Kolosserbrief enthält einen Hymnus, in dem von Christus als präexistent und göttlich gesprochen wird: „Ebenbild des unsichtbaren Gottes... In ihm ist alles geschaffen, was im Himmel und auf Erden ist, das Sichtbare und das Unsichtbare... Er ist vor allem ... Denn es hat Gott gefallen, daß in ihm alle Fülle wohnen sollte" (1,15-17; 19). Die letzte Aussage wird später noch einmal wieder aufgenommen: „Denn in ihm wohnt die ganze Fülle der Gottheit leibhaftig" (2,9), was der johanneischen Aussage in Joh 1,14 nahekommt.

102. Im Philipperbrief finden wir einen weiteren Hymnus, der von Christi Göttlichkeit wie auch von seiner Inkarnation spricht: „Er, der in göttlicher Gestalt war, hielt es nicht für einen Raub, Gott gleich zu sein, sondern entäußerte sich selbst und nahm Knechtsgestalt an, ward den Menschen gleich und der Erscheinung nach als Mensch erkannt" (2,6-8). Ob dieser Hymnus nun – vollständig oder teilweise – vorpaulinisch ist oder nicht, so spiegelt er doch offenkundig die Denkweise des Paulus wider. So könnten paulinische Texte, die von der Sendung des Sohnes sprechen (Röm 8,3; Gal 4,4), als Hinweis auf die Inkarnation des präexistenten Sohnes verstanden werden, wenn man die Frage ausklammert, ob es solchen Aussagen ursprünglich darum ging, lediglich von der Sendung Christi zu sprechen.

103. Auf jeden Fall gibt der Inhalt von 1 Kor 8,6, ob nun paulinisch oder vor-paulinisch, die Auffassung des Paulus wieder, daß Christi „Herrschaft" mit der „Göttlichkeit" Gottes (des Vaters) völlig vergleichbar ist. Dies wird deutlich in den Versen 4-5, wo der *eine* Gott den Götzen gegenübergestellt wird, die als die *vielen* „Götter" und „Herren" bezeichnet werden.

104. Und schließlich sollte man das Beten des Paulus zu Christus in 2 Kor 12,8 und auch in 1 Thess 3,11-12 berücksichtigen. Im letzteren Fall werden beispielsweise Gott der Vater und Gott der Sohn als einer angerufen (V. 11). Der Ansatzpunkt für eine solche Auffassung kann sehr wohl das „Maranatha" (Komm, Herr [Jesu]) aus der sehr frühen christlichen Tradition gewesen sein (1 Kor 16,22; Offb 22,20; s. auch V. 17). In diesem Fall und in Anbetracht der Struktur und Formulierung von Röm 9,5 kann Christus dort im „Segen" des Paulus sehr wohl als „Gott" angeredet worden sein; siehe die ähnliche „Verherrlichung", die Christus in Hebr 13,21 entgegenge-bracht wird.

105. Während seines irdischen Wirkens beanspruchte Jesus eine einzigartige Beziehung zum Gott Israels, an den er sich im Gebet wandte und den er vertraut als „Abba" anredete (Lk 11,2; Mk 14,36). Er wurde anerkannt als einer, der mit einer einzigartigen Vollmacht lehrte, die die Leute verwunderte (Mk 1,25). Dieselbe Vollmacht wurde von denen wahrgenommen, die seine Heilungen als Zeugen miter-lebten (Mk 2,12). Seine einzigartige Beziehung zum Vater kam in dem Titel „Sohn Gottes" zum Ausdruck, der ihm bei seiner Taufe (Mk 1,11 par.) und bei seiner Ver-klärung (Mk 9,7) gegeben wurde. In den Kindheitsberichten bei Lukas wird Jesus dieser Titel sogar von seiner Empfängnis an zugesprochen (Lk 1,32 und 35).

106. Zeitgenössische biblische Studien folgen im großen und ganzen der histo-risch-kritischen Methode. Ihr Ansatz beim Studium der Person Jesu Christi beginnt mit Jesus von Nazareth in seinem historischen Kontext, und ihr Studium der alt-kirchlichen Christologie wird auf dem Hintergrund der unterschiedlichen Weltan-schauungen gesehen, die es im 1. Jahrhundert v. Chr. im östlichen Mittelmeerraum, insbesondere im palästinensischen und hellenischen Judentum gab. Als Folge davon werden die „Göttlichkeit" und die „Präexistenz" Jesu als Ausdrucksformen für die Bedeutung der menschlichen Person Jesu von Nazareth betrachtet. Sein irdisches Wirken und seine Auferstehung, wie sie von den Aposteln bezeugt wurden, bilden den Ausgangspunkt für alle derzeitigen christologischen Studien. Das scheint eine Spannung zu schaffen zwischen diesem und dem „nizänischen" Ansatz.

107. Man muß jedoch bedenken, daß der „nizänische" Ansatz doxologischer und bekenntnishafter Art ist. Er ist nicht darauf ausgerichtet, die Schritte zu verfolgen, durch die die frühen Christen zur Entwicklung ihres christologischen Bekenntnisses gelangten, oder die Argumente aufzuführen, die ihnen auf diesem Weg vielleicht behilflich waren. Dieser Ansatz findet sich bereits in neutestamentlichen Hymnen wie Phil 2,6-11 und Kol 1,15-20. Er ist auch in Röm 1,3-4; 8,3 und Gal 4,4 zu finden.

108. Man könnte argumentieren, daß der gesamte patristische Ansatz von frühester Zeit an die „bekenntnishafte" Linie verfolgte. Die Väter nehmen die Geschichte von Jesus auf, wie sie in den Evangelien und in allen Teilen des Neuen Testaments bezeugt wird, während sie diese in besonderer Weise aus der Perspektive des Johannesevangeliums lesen. Das ermöglichte ihnen, die entscheidende Verbindung zwischen Jesus und dem Schöpfer der Welt herzustellen, dessen ewiges Wort im Leben Jesu offenbar wurde. Das gleiche Anliegen zeigt sich in der Formulierung des Nizänums, wo Jesus als „wahrer Gott vom wahren Gott" (vgl. Joh 1,1) bezeichnet wird. Dieser Sprachgebrauch läßt stark auf den johanneischen Prolog als Hintergrund schließen.

109. Der heutige Ansatz der historischen Exegese braucht den patristischen „bekenntnishaften" Ansatz nicht auszuschließen, noch schließt letzterer die Analyse der Entwicklung der christologischen Tradition aus. Die beiden Ansätze sind miteinander vereinbar und können einander sogar bereichern, vorausgesetzt, daß die Möglichkeit nicht ausgeschlossen wird, daß seit den frühesten Stadien der Tradition das implizit vorhanden gewesen ist, was erst später explizit ausgesagt wurde. Das bedeutet, daß der ewige Sohn und das ewige Wort Gottes von Anfang an mit der menschlichen Wirklichkeit Jesu eins waren, obwohl die ausdrückliche Formulierung dieser Tatsache sich erst im Laufe der christologischen Tradition entwickelte.

II. AUSLEGUNG FÜR HEUTE

Der eine Herr Jesus Christus

110. Das christliche Bekenntnis zu Jesus Christus als dem einen Herrn ist verwurzelt in seiner Auferstehung von den Toten durch Gottes eigene Macht. Die Auferstehung bestätigt das Leben und Handeln Jesu als das für uns und unser Heil gesprochene ewige Wort Gottes. Die Ambiguität, von der seine Lehre und sein Verhalten wie auch sein Anspruch auf eine alle menschliche Autorität übersteigende Vollmacht, der zu seiner Kreuzigung führte, umgeben waren, wurde durch das Ostergeschehen aufgehoben. Aufgrund dieser göttlichen Bestätigung in der Auferstehung spricht das Glaubensbekenntnis Jesus, der als der Herr über alle und alles anerkannt und dem nachgefolgt werden soll (Phil 2,9-11), universale und ewige göttliche Vollmacht zu. Es gibt keine Menschen, keine Bereiche oder Ebenen, die nicht unter der Verheißung und dem Gebot des *einen* Herrn Jesus Christus stehen. In der Welt gibt es viele Gewalten und Mächte, doch Christen bekennen Jesus Christus als den einen und einzigen Herrn in derselben Weise, in der sie an den einen Gott, den Vater des Universums, glauben (vgl. 1 Kor 8,5f).

Gottes eingeborener Sohn

111. Für das moderne Denken ist es nicht leicht zu erfassen, worauf die Heilige Schrift und das Glaubensbekenntnis verwiesen, wenn sie vom Sohn Gottes spra-

chen. Vielen erscheint es als selbstverständlich, daß, wenn es Gott überhaupt gibt, seine Wirklichkeit absolut einzigartig und transzendent ist, so daß man ihn mit nichts in Verbindung bringen kann. Dies gilt jedoch auch für den Gott des jüdischen Glaubens, den Jesus als Vater anredete. Da der eine Gott in der Tat vollkommen transzendent ist und sich jeglichem menschlichen Versuch, ihn mit Namen zu benennen und zu kategorisieren, entzieht, ist es ganz außergewöhnlich, daß Jesus eine so familiäre Verbindung zu diesem transzendenten Gott hatte, daß er ihn Vater nannte. Er beanspruchte, der einzige zu sein, der darauf ein Recht hatte, und dieses Vorrecht wurde dadurch zum Ausdruck gebracht, daß Jesus als der Sohn bezeichnet wurde: „niemand kennt den Vater als nur der Sohn und wem es der Sohn offenbaren will" (Mt 11,27). Gottes Identität als Vater – in dem Sinne, der sich im christlichen Sprachgebrauch entwickelte – kommt nur durch die Art und Weise in den Blick, wie Jesus Gott als den Vater offenbarte, indem er sich als sein ganz und gar ergebener Sohn zeigt.

112. Das Wort „Sohn" bezieht sich nicht nur auf die menschliche Person Jesu in seiner einzigartigen Beziehung zu seinem himmlischen Vater, sondern bereits in den Paulusbriefen verweist es auf ein präexistentes Wesen, das durch den Vater leibhaftig gesandt wurde (Röm 8,3; Gal 4,4f; vgl. Phil 2,6). In heutiger Perspektive erscheint dies vielen als eine mythologische Auffassung. Aber es geht darum, daß es zum ewigen Sein Gottes des Vaters gehört, mit dem Sohn verbunden zu sein. So ist der Sohn, der in Jesu Beziehung zum Vater offenbar wurde, selbst ewig und geht der historischen Geburt und dem Wirken Jesu voraus. Daher darf die Vorstellung eines präexistenten Sohnes, der in Jesus Christus inkarniert wurde, nicht aufgegeben werden. Obwohl der Sprachgebrauch des Bekenntnisses merkwürdig erscheinen mag, wenn die Aussagen über Jesus Christus mit dem Gedanken der präexistenten Sohnschaft beginnen, wird damit doch etwas Entscheidendes ausgesagt: Die menschliche Wirklichkeit Jesu in Verbindung zu Gott dem Vater kann nur als Manifestierung des ewigen Gottes verstanden werden. Das Ewigsein bezieht sich nicht nur auf den, mit dem Jesus verbunden war, sondern auch auf den Sohn, der in solcher Weise mit dem Vater verbunden ist.

113. Das Bekennen der ewigen Sohnschaft Jesu von Nazareth ist für alle Zeiten auch von soteriologischer Bedeutung. Die Liebe, die Jesus verkörperte, die Vollmacht, mit der er das Nahesein des Reiches Gottes und die Vergebung der Sünden verkündigte, seine Solidarität mit den Armen und Ausgestoßenen und schließlich sein Leiden und Tod – dies alles wäre nur eine historische Episode gewesen, wenn Menschen nicht in diesen Zeichen und Ereignissen die Liebe und Gegenwart und sogar das Leiden Gottes selbst erfahren hätten. Weil der Sohn Gottes seit ewigen Zeiten bei Gott war, kam Gott in seinem Sohn in ihre Mitte und ist durch die Kraft des Heiligen Geistes weiterhin unter ihnen gegenwärtig und wirksam. So vertrauen wir im Leben und Tod nicht nur auf einen von Gott gesegneten und gebrauchten Menschen, sondern auf den Sohn Gottes von Ewigkeit zu Ewigkeit.

114. In der Heiligen Schrift ist Jesus nicht der einzige, der „Sohn" Gottes genannt wird. Dieses Wort wurde vorher für den davidischen König in seiner Eigenschaft als Vertreter der Herrschaft Gottes auf Erden gebraucht (2 Sam 7,14; Ps 2,7). Es wurde dann in seiner Anwendung auf das Volk Israel im Blick auf dessen besondere Beziehung zum Gott des Bundes ausgedehnt (z.B. Hos 11,1; Jer 31,9). Aber Jesus ist auf einzigartige Weise der Sohn Gottes, weil Gott nur in Beziehung zu ihm endgültig als Vater offenbart wird. Die Verwendung des Wortes „Sohn" im Alten Testament ist also eine Vorahnung der Sohnschaft Jesu, aber er ist der einzige Sohn des Vaters, weil der ewige Sohn und seine Beziehung zum Vater in ihm inkarniert wurden. Wenn Paulus das Wort „Söhne" auf Christen anwendet (Röm 8,16; Gal 4,5f), dann wegen unserer Teilhabe durch Glauben und Taufe an Christus, dem einzigen Sohn Gottes, und an seiner Beziehung zum Vater.

Aus dem Vater geboren vor aller Zeit

115. Das Glaubensbekenntnis hebt hervor, daß die Herkunft des Sohnes vom Vater in der Ewigkeit und nicht in der Zeit liegt. Sonst wäre der ewige Gott nicht voll im Sohn gegenwärtig, und Jesus als inkarnierter Sohn Gottes, der in der Zeit geboren wurde, könnte den Glaubenden keine Gemeinschaft mit dem ewigen Gott selbst vermitteln. Daß der Sohn aus dem Vater „geboren" wurde, ist ein Bild aus Lk 3,22 und Hebr 1,5, wo Psalm 2,7 zitiert wird. Derselbe Gedanke wurde auch häufig in dem Ausdruck „eingeboren" ausgesagt, der vor allem im Johannesevangelium vorkommt (z.B. 1,14.18 und 3,16.18), aber eigentlich nichts anderes als der „einzige" bedeutet. Das Wort „gezeugt" bringt die wesenseine Beziehung zwischen Vater und Sohn zum Ausdruck, und da der Vater ewig ist, geschah das Geborenwerden des Sohnes nicht zu einer bestimmten Zeit, sondern ist als solches ewig. Das Bekenntnis bringt diesen wesenseinen Charakter der Beziehung zwischen Vater und Sohn in den darauf folgenden Aussagen zum Ausdruck.

Licht vom Licht, wahrer Gott vom wahren Gott,
gezeugt, nicht geschaffen, eines Wesens mit dem Vater

116. Der Sohn gehört zu Gott, so wie das Licht aus der Lichtquelle kommt. Es ist gleichen Wesens wie seine Quelle, und so ist auch der Sohn gleichen Wesens wie der Vater: wahrer Gott vom wahren Gott. Er ist kein Geschöpf, sondern gehört in Ewigkeit zum Vater, weil Gott in aller Ewigkeit nicht als Vater vorstellbar ist ohne den Sohn, in dem sein Vatersein zum Ausdruck gebracht wird. Hier wird wiederum das Wort „gezeugt" gebraucht, weil es sich dazu eignet, zwischen der Beziehung des Sohnes zum Vater und den von Gott „geschaffenen" Geschöpfen zu unterscheiden. Geschöpfe brauchen nicht zu existieren, und Geschöpfe haben nicht immer existiert. Aber Gott der Vater war niemals vorher seinen Sohn.

117. In Ewigkeit ist Gott der Vater nicht allein, sondern existiert als eine Person in Beziehung. Und doch gibt es nicht mehr als einen Gott, noch ist irgend etwas

anderes mit ihm verbunden, denn Vater und Sohn sind eines Wesens. Im inkarnierten Sohn ist kein anderer Gott als der eine Gott. Die berühmte und einst (im 4. Jahrhundert) umstrittene Formel „eines Wesens mit dem Vater" (homoousios) sorgt dafür, daß das christliche Bekenntnis der göttlichen Sohnschaft Jesu Christi nicht den monotheistischen Charakter des biblischen Glaubens an Gott aufgibt.

118. Wegen ihres häufigen Vorkommens in Bibelstellen bringen Christen die Formel „Licht vom Licht" im Nizänum auch mit ihrer Erfahrung in Verbindung, daß sie in Jesus Erleuchtung und Orientierung für ihr Leben in der „Dunkelheit" der Welt gefunden haben. In Jesus, der das Licht der Welt ist (Joh 8,12), ist der Schöpfer und Erlöser gegenwärtig, der das Licht von der Finsternis scheidet, indem er spricht: „Es werde Licht" (Gen 1,3). Das Licht, das in Jesus Christus ist und uns durch den Heiligen Geist geschenkt wird, ist völlig anders als alle anderen Erleuchtungen und Orientierungen, die heute von selbsternannten Gurus und Erlösern angeboten werden.

Durch ihn ist alles geschaffen

119. Nach dem Neuen Testament sind alle Dinge durch den Sohn geschaffen (Kol 1,16; Hebr 1,2). Das entspricht dem christlichen Glauben an den einen Gott, der die Welt geschaffen hat, weil der Sohn als eins mit dem Vater geglaubt wird. Somit ist er auch an der Schöpfung der Welt beteiligt. Die frühen Christen erkannten ihn in dem „Wort" des Schöpfers, das in der biblischen Geschichte (Gen 1,3ff) als das Mittel erwähnt wurde, mit dem er die Welt schuf (vgl. Joh 1,3). Das Schöpfungswort enthält auch den Plan für deren Ordnung (vgl. Spr 8,22ff), die unsere menschlichen Vorstellungen des Naturrechts nur annähernd erfassen können. Von Anfang an war die ganze Schöpfung so angelegt, daß sie im Sohn zur Vollendung gebracht werden sollte (Eph 1,10). Bei der Erschaffung der Welt blickte die schöpferische Liebe des Vaters bereits voraus auf die Inkarnation des ewigen Sohnes bei der Vollendung der Geschichte. Er ist das ewige Vorbild, der „Logos" aller Schöpfung, der der Inbegriff dessen ist, was jedes Geschöpf auf seine besondere Weise sein soll. Im Lichte dieser Aussage wird die Bedeutung der Inkarnation des Sohnes völlig deutlich.

Für uns Menschen und zu unserem Heil

120. Daß der ewige Sohn in Jesus von Nazareth Fleisch angenommen hat, ist eine Aussage, in der der gesamte Verlauf des irdischen Wirkens Jesu aus der Perspektive seiner Auferstehung zusammengefaßt wird. Die Inkarnation bezieht sich also nicht nur auf den Beginn des menschlichen Lebens Jesu. Sie ist bezogen auf sein Wirken und seine Sendung zum *Heil* des Volkes Israel, der ganzen Menschheit und Schöpfung. Unter den verschiedenen Verständnissen des Heilsprozesses finden sich die folgenden:

a) In der Sendung des Sohnes wird die ewige Liebe des Vaters zu all seinen Geschöpfen in seiner Selbsthingabe bis zum Tod offenbar.

b) Die Macht des Todes, die die Folge unserer Abwendung von Gott ist, ist überwunden. Die Gemeinschaft mit dem Vater ist durch den Sohn in der Kraft des Heiligen Geistes wiederhergestellt.

c) Der Vater nimmt in seiner bedingungslosen Barmherzigkeit den Sünder an, der sich ihm zuwendet, und stellt so die Gemeinschaft mit ihm wieder her, die durch die Sünde verlorengegangen war. Das geschieht, wenn wir teilhaben an der Sohnschaft Jesu und an seinem Verhältnis zu seinem Vater, wenn wir in seinem Geist dazu befreit werden, den Vater in unserem Gebet als „Abba" anzurufen und uns seiner liebenden Fürsorge anzuvertrauen.

d) Die Folge des Heils ist, daß wir dazu aufgerufen sind, treue und gehorsame Töchter und Söhne Gottes zu sein, die die Annahme durch Gott verkünden, die bereits im Reich Gottes leben, soweit wir dazu fähig sind; die die Ausgestoßenen, Unterdrückten und Hilflosen aufnehmen, die sich mit den Leidenden identifizieren und das Risiko eingehen, das damit verbunden ist, in einer immer noch der Liebe Gottes und ihren Forderungen widerstehenden Welt auf diese Weise zu leben.

Durch den Heiligen Geist von der Jungfrau Maria

121. Auf der Grundlage des neutestamentlichen Zeugnisses bekräftigt das Nizänum, daß die Inkarnation des Gottessohnes durch die Kraft des *Heiligen Geistes* geschah. Die Heilige Schrift verbindet gewöhnlich den Heiligen Geist mit dem Werk der Schöpfung und der Neuschöpfung. Die eschatologische Vollendung der Menschheit und der ganzen Schöpfung, die in der Auferstehung Jesu Christi, des neuen Adam, begonnen wurde, ist durchdrungen vom Drängen des lebenspendenden Geistes. Und als Christus kam, um die Menschheit zu erlösen und zu erneuern, war somit seine Empfängnis als solche das Werk desselben Geistes, der die Menschheit bei ihrer ursprünglichen Schöpfung beseelte. Der Heilige Geist, der Maria überschattete (Lk 1,35), ist der Heilige Geist, durch dessen Kraft Jesus von den Toten auferweckt wurde (Röm 8,11). Derselbe Geist wird nun denen geschenkt, die durch den Glauben und die Taufe in Christus „nicht aus dem Blut noch aus dem Willen des Fleisches noch aus dem Willen eines Mannes, sondern von Gott geboren sind" (Joh 1,13). Er wird ihnen geschenkt als ein Unterpfand ihrer zukünftigen Teilhabe am neuen und ewigen Leben der Auferstehung. Darüber hinaus ist es derselbe Geist, der die Umwandlung der ganzen Schöpfung zur Teilhabe an der Herrlichkeit Gottes bewirken wird. Wenn das Glaubensbekenntnis die Inkarnation dessen, durch den alles geschaffen wurde, der Kraft des Heiligen Geistes zuschreibt, dann setzt es dieses Geschehen in Beziehung zur ganzen Welt, zu ihrer Erneuerung und ihrer Vollendung.

122. Alle Christen stimmen in das vom Konzil von Ephesus (431) bekräftigte Bekenntnis ein, daß *Maria* „Theotokos" ist, die Mutter dessen, der durch das schöpferische Werk des Geistes Gottes auch Gott ist. Indem das Bekenntnis auf die Mutterschaft der Maria hinweist, läßt es den Sohn Gottes als ein menschliches Wesen wie wir erkennen, als einen Menschen, der mit uns die Erfahrung teilt, geboren und von einer Mutter geliebt und von elterlicher Fürsorge umhegt zu werden. Aber Maria ist auch die Jüngerin, die das Wort Gottes hört, darauf antwortet und es bewahrt. In ihrem Gehorsam gegenüber Gott und ihrer völligen Abhängigkeit vom Heiligen Geist ist Maria das Vorbild par excellence für unsere Jüngerschaft. Seit den ersten Jahrhunderten ist sie als diejenige gesehen worden, die die Tochter Zion repräsentiert, die auf die Erfüllung der messianischen Verheißungen und das Kommen des Gottesreiches wartet.

123. In ihrem völligen Vertrauen auf Gott, ihrer aktiven Antwort des Glaubens und ihrer Erwartung des Gottesreiches ist Maria als Bild (typos) und Vorbild für die Kirche betrachtet worden. Wie Maria kann die Kirche nicht aus sich selbst heraus existieren, sondern kann sich nur auf Gott verlassen; sie ist die wachsame Magd, die auf die Rückkehr des Herrn wartet.

124. Durch die Bekräftigung der *Jungfräulichkeit* der Maria bringt das Bekenntnis die Glaubensüberzeugung zum Ausdruck, daß der Vater ihres Sohnes bei dessen zeitlicher Geburt derselbe ist wie derjenige, dessen Sohn er von aller Ewigkeit her ist, „aus dem Vater geboren vor aller Zeit".

Kommentar:

Einige Christen haben heute Schwierigkeiten mit der Aussage über die Jungfräulichkeit Marias. Für einige bestehen diese darin, daß sie eine solche übernatürliche Geburt für unvereinbar halten mit der Art und Weise von Gottes Handeln an seinem Volk. Andere lehnen die Möglichkeit einer Wundertat Gottes nicht grundsätzlich ab. Aber sie finden im Neuen Testament keine anderen Belege als die Kindheitsberichte, deren literarische Form nicht notwendigerweise einen historischen Anspruch hinsichtlich der Jungfräulichkeit Marias beinhaltet. Ihrer Meinung nach geht es bei diesen Berichten darum, den göttlichen Ursprung und die Sohnschaft Jesu Christi zu bekräftigen, ohne genauer zu erklären, auf welche Weise die Inkarnation geschehen ist.

Wenn das Nizänum die Formulierungen „durch den Heiligen Geist" und „von der Jungfrau Maria" zusammenbringt, bekennt es damit, daß Jesus Christus zugleich Gott und Mensch ist.

Er ist Mensch geworden

125. Durch die Weise, in der er Mensch ist, in seinen Worten und Taten, in seinem Zorn und seiner Liebe ist und verkörpert Jesus volles, wahres Menschsein. Jesus

zeigt uns Menschsein, wie es sein sollte und in ihm werden könnte durch die Kraft der Gegenwart Gottes in unserer Mitte. Der Glaube, daß Jesus für uns Mensch wurde, ermöglicht es uns, nicht an uns selbst oder an der Geschichte zu verzweifeln oder sie für sinnlos zu halten. Christus ist auch jetzt in den Stoff der Geschichte der Menschen hineingewoben und verwandelt die Vergangenheit, Gegenwart und Zukunft. Durch ihn sollen wir unsere geschichtliche Abhängigkeit, unser Angewiesensein auf andere wie auch den Anspruch der Bedürfnisse anderer auf uns anerkennen. Wir können nicht als abstrakt autonome Individuen ohne Vergangenheit oder ohne Kontext existieren; unsere Freiheit ist eine Freiheit, unseren Begrenzungen nicht davonzulaufen, sondern mit schöpferischen und verwandelnden Handlungen auf sie zu reagieren.

126. Wie jeder/jede von uns ist Jesus ein menschliches Individuum. Dies schließt spezifische Eigenart im Blick auf Zeit, Raum, Geschlecht, Rasse, sozial-kulturellen Kontext etc. ein. Diese von Gott gewollte Spezifität Jesu ermutigt jeden/jede unter uns, unsere eigene Eigenart zu akzeptieren, wer wir sind und wo wir sind, nicht passiv, sondern mit Phantasie, Kritik und fragendem Mut. Das Leben Jesu kann uns bedingungsloses Vertrauen in Gott und Liebe zu Gottes Welt zeigen. Jedes begrenzte Leben, so frustriert oder beeinträchtigt es auch erscheinen mag, kann daher verwandelt werden, um die Wahrheit und Liebe Gottes aufscheinen zu lassen. In den Augen Gottes hat jedes Leben die Chance, das Leben Christi widerzuspiegeln.

B. Jesus Christus – für uns gelitten und gekreuzigt

127. Seit der Zeit des frühesten neutestamentlichen Zeugnisses und durch die Jahrhunderte hindurch hat die Kirche bekannt, daß Jesus Christus für uns gelitten hat und gekreuzigt wurde. Auf die theologische Bedeutung und Mitte dieses Bekenntnisses wird hingewiesen durch die Worte „für uns". Diese Worte verweisen auf das entscheidende Heilsgeschehen, das in seiner Reichweite alle Menschen umfaßt. Ein solches Bekenntnis wird auf der Grundlage und in der Perspektive der Auferstehung Christi ausgesprochen.

128. Das Bekenntnis, daß Jesus Christus *für uns* gelitten hat und gekreuzigt wurde, wird heute in einer Welt ausgesprochen, die geprägt ist vom Kampf zwischen den Kräften des Lebens und den Kräften der Sünde, des Leidens und des Todes. Daher sind *Herausforderungen* – die von Christen wie von Nichtchristen kommen – für den Glauben, den wir in diesen Aussagen des Bekenntnisses bekräftigen: Wie kann die universale Bedingung der Sünde mit all ihren Konsequenzen verändert werden durch das Leiden und die Kreuzigung eines einzelnen? Ist es angemessen, von einer Beteiligung des jüdischen Volkes am Leiden und Tod Jesu zu sprechen? Worin besteht die Relevanz des Bekenntnisses des Leidens und der Kreuzigung Christi für uns angesichts der menschlichen Situation des Leidens und Todes und für das Ringen von Christen und anderen gegen diese Realitäten?

I. DAS BEKENNTNIS UND SEIN BIBLISCHES ZEUGNIS

a) Der Text des Bekenntnisses

129. „Er wurde für uns gekreuzigt unter Pontius Pilatus,
hat gelitten und ist begraben worden."
(AG: „gelitten unter Pontius Pilatus,
gekreuzigt, gestorben und begraben.")

130. Im nizänisch-konstantinopolitanischen Glaubensbekenntnis sind Kreuzigung, Leiden und Begräbnis Jesu Christi neben der Geburt die einzigen Angaben zu seinem Leben als Mensch. Verglichen mit dem vorhergehenden Abschnitt, der das göttliche Wesen und die Inkarnation Christi behandelt, wird der Tod Christi im Glaubensbekenntnis nur verhältnismäßig kurz erwähnt. Diese Kürze ist leicht verständlich, wenn sie im Kontext der arianischen Kontroverse gesehen wird. Sie hat aber insofern auch eine positive Bedeutung als damit absolut klargemacht wird, daß derjenige, der gekreuzigt wurde, litt und begraben wurde, kein anderer war als der ewige Sohn Gottes, der ein Mensch wurde.

131. Die Formel „unter Pontius Pilatus" verweist darauf, daß Tod und Leiden Jesu Christi ein spezifisches historisches Ereignis der Weltgeschichte sind. „Und ist begraben worden" unterstreicht die Tatsache, daß Jesus einen wirklichen Tod am Kreuz starb und von den Toten auferweckt wurde.

132. Die Aussage „für uns" kommt auch in der vorhergehenden Formulierung über die Inkarnation vor und bringt damit die Verbindung zwischen Inkarnation und Tod Jesu und deren Erlösungscharakter für die Menschheit zum Ausdruck.

b) Biblisches Zeugnis

133. In bezug auf den Tod und die Auferstehung Jesu Christi folgt das Nizänum einer der ältesten Bekenntnisformeln aus dem Neuen Testament: „Christus ist für unsere Sünden gestorben ... er wurde begraben und ist am dritten Tage auferstanden nach der Schrift" (1 Kor 15,3-4). Die Vorstellung von Christi Tod um unsertwillen, d. h. für unsere Sünden, kommt in den Paulusbriefen vor (Röm 3,25; 5,8; 6,6-7; 8,22; 2 Kor 5,15. 18-21; Gal 1,4; 2,20; 3,13; Eph 2,13.16) sowie an anderen Stellen des Neuen Testaments (Mt 20,28; Mk 10,45; Apg 3,18f; 1 Petr 1,18-19; Hebr 9,15; Offb 1,5; 5,9; 7,14; 12,10f; 14,4). Außerdem steht sie im Mittelpunkt der ältesten Traditionen der Abendmahlsworte. Dieses Verständnis des Todes Christi als stellvertretend erklärt, welche Bedeutung Jes 53 im Neuen Testament und in der frühchristlichen Literatur erhielt.

134. Die Vorstellung von der Stellvertretung ist eng verbunden mit der des Opfers, wie aus derselben Stelle Jes 53 ersichtlich ist. Christi Tod als Opfer wird bereits bei Paulus bezeugt (Röm 3,24f; 1 Kor 5,7 und 2 Kor 25,21, wenn man „hamartia" hier

als das alttestamentliche Opfer „hatta't" versteht). In 1 Petr 1,18f wird Christus mit einem Opferlamm verglichen. Diese Vorstellung nimmt in den johanneischen Schriften eine zentrale Stellung ein (Joh 1,29; Offb 5,6). Auf der anderen Seite mag der Aspekt der Freiwilligkeit bei Christi Opfer (Gal 1,4; 2,20; Phil 2,7) hinter der Auffassung von Jesus als dem Hohenpriester gestanden haben.

135. Man kann jedoch nicht umhin festzustellen, daß der Kreuzigung im Nizänum eine Vorrangstellung gegeben wird. Man braucht nur das „gelitten unter Pontius Pilatus, gekreuzigt, gestorben und begraben" des Apostolischen Glaubensbekenntnisses mit dem „Er wurde für uns gekreuzigt unter Pontius Pilatus, hat gelitten und ist begraben worden" des Nizänums zu vergleichen. Im letzteren wird der Tod nicht erwähnt, und das Leiden wird *nach* der Kreuzigung erwähnt. Die faktische Gleichsetzung von Christi Kreuzigung und seinem Tod in der traditionellen christlichen Terminologie ist vor allem Paulus zuzuschreiben.

136. In den *Paulusbriefen* ist die Kreuzigung Christi eine andere Art und Weise, von seinem Sühnetod zu sprechen (Eph 2,16; Kol 1,20; 2,13f); das Sterben mit Christus wird durch das mit ihm Gekreuzigtwerden zum Ausdruck gebracht (Röm 6,6; Gal 2,20). Ja, mehr noch: Das „Kreuz Christi" ist eine andere Bezeichnung für das Evangelium des Paulus selbst (1 Kor 1,13.17-18.23; 2,2; Gal 3,1; 6,12; Phil 3,18). Folglich ist das „Kreuz" ein anderer Ausdruck für die neue Wirklichkeit (Gal 6,14; auch 5,24), die sonst die „kaine ktisis" genannt wird (2 Kor 5,17).

137. Der Grund dafür ist nicht das mit der Kreuzigung verbundene schreckliche Leiden, sondern vielmehr die *„Schande",* die in der römischen Welt damit verbunden war. Das *„skandalon"* im Evangelium des Paulus *ist* in der Tat das Kreuz (Gal 5,11; 1 Kor 1,23; vgl. auch Phil 2,8). Paulus schreckt nicht einmal davor zurück, die Schrift selbst zu zitieren(!), um zu sagen, daß Christus mit seinem Kreuzestod zum „Fluch"(!) wurde (Gal 3,13). Doch dieser Tod am Kreuz hat uns den Segen Abrahams zugesichert (V. 14), der nichts anderes ist als das Evangelium selbst (V. 8).

138. Dieser Gedanke der Schande scheint in der *synoptischen Tradition* vorhanden zu sein, so in Mk 8,31-9,1 und Lk 9,22-27, wo Jesus seine Apostel zum ersten Mal mit dem Gedanken seines Todes vertraut macht. Auf diese Voraussage seines Todes folgt die Aufforderung an seine Jünger, ihr Kreuz auf sich zu nehmen, sowie die Warnung: „Wer sich aber meiner schämt, dessen wird sich der Menschensohn auch schämen . . ." Dieselbe Verbindung – und in diesem Fall ganz unerwartet – zwischen Kreuz und Schande kommt in Hebr 12,1 in einem Zusammenhang vor, wo die Christen aufgefordert werden, dem Beispiel Jesu zu folgen (V. 1-3).

139. Bei *Johannes* wird die Bedeutung der Kreuzigung Jesu einen Schritt weitergeführt. Sie ist nicht nur der Weg zu seiner Verherrlichung (Phil 2,8-11), sondern vielmehr wird sein Hinaufsteigen ans Kreuz tatsächlich gleichgesetzt mit seinem Aufsteigen in die Herrlichkeit (3,13-15; 8,21-30; 12,27-34). Das entspricht der johan-

neischen Logos-Theologie: Jesus selbst ist „die Auferstehung und das Leben" (11,25; vgl. 1,4).

140. Jesu Leiden war für die frühesten Christologien von entscheidender Bedeutung. Das zeigt sich an den detaillierten Traditionen hinsichtlich seiner letzten Tage in Jerusalem. Das Leiden des Messias war Ärgernis erregend (s. die Reaktion des Judas), da der Messias per definitionem der Überwinder und der Sieger ist. Dies erklärt, warum die Tradition der Karwoche im frühesten Evangelium, dem *Markusevangelium,* auf dem Hintergrund von Psalm 22 dargestellt wird. Das war richtig gewählt, da ein solcher Ansatz a) dem Leiden Jesu besonderes Gewicht gibt (Ps 22,12-18), b) darauf hinweist, daß dies Leiden letztlich um anderer willen geschieht (V.22-28), c) den endgültigen Sieg nach der Verlassenheit voraussieht (V. 24,31) und d) die Auslegung zuläßt, daß die Leiden von Gott gewollt und ein integraler Bestandteil des göttlichen Heilsplans waren (V. 1-8; 27-31).

141. Die Erwähnung des Begräbnisses Jesu war Teil der frühesten Bekenntnisse (1 Kor 15,4) und wurde in den Evangelien in Einzelheiten wiedergegeben (Mt 27,57-61; Mk 15,42-47; Lk 23,50.55; Joh 19,38-42). Das hat mindestens zwei Gründe: a) Jesus *starb tatsächlich;* sein Tod war nicht nur ein Scheintod; b) seine Auferstehung war ein *göttliches* Handeln (Apg 2,32; Röm 1,4). Beide Aspekte sind in der sehr alten und zentralen Tradition des „leeren Grabes" miteinander verwoben.

II. AUSLEGUNG FÜR HEUTE

Er wurde für uns gekreuzigt

142. Christen glauben, daß Menschen – einzeln und alle zusammen – in der Gefangenschaft von *Sünde* und Tod leben. Die Sünde trennt sie von Gott und voneinander, indem sie sich von der Quelle des Lebens, von Gott dem Schöpfer abwenden. Sie versuchen, sich durch ihre eigenen Bemühungen und Leistungen zu rechtfertigen und ein Leben ohne Beziehung zu Gott zu führen. Die Folge dieser universalen Situation der Sünde ist die universale Herrschaft des Todes (vgl. Röm 5,12ff). Das neutestamentliche Verständnis des Todes ist nicht auf das Ereignis des individuellen Todes beschränkt. Es schließt auch alles ein, was den Tod umgibt wie die Mächte des Bösen, Verfall und Verderben im persönlichen und gesellschaftlichen Leben. Diese Sicht der menschlichen Situation spiegelt sich in der allgemeinen menschlichen Erfahrung wider, wo menschliche Selbstbezogenheit, Egoismus und Streben nach Macht über andere sich im Verhalten ganzer Gruppen von Menschen und in vielen gesellschaftlichen, politischen und wirtschaftlichen Strukturen der heutigen Zeit zeigen: ungerechte und unterdrückerische Lebensformen und -bedingungen, Hunger, unverschuldete Armut, Ausbeutung, Diskriminierung, Angst angesichts kriegerischer Konflikte und auf viele andere Weise. Diese Folgen der Sünde verursachen Haß, Leiden, Verzweiflung und Tod unter Menschen und führen die Menschheit dazu, die Ordnung der Natur zu zerrütten und die Existenz unserer Welt selbst zu gefährden.

Die durch Sünde und deren Folge, den Tod, geschaffene Situation ist auch eine Ausdrucksform des Gerichts Gottes, indem Gott sie, wie der Apostel sagt, „in den Begierden ihrer Herzen dahingegeben hat in die Unreinheit" (Röm 1,24; vgl. 26 und 28).

143. Auf welche Weise ist nun das Evangelium vom Leiden und Tod Christi die *frohe Botschaft* für alle Menschen? Im Lichte seiner Auferstehung erkennen wir in Christi Leiden und Tod das Handeln Gottes, die Erfüllung von Gottes Heilsplan für alle Menschen, durch die er die Macht des Todes zerstörte. Er nahm die Schuld der Menschheit hinweg und schuf für diejenigen, die Jesus nachfolgen, das Vorbild eines neuen Lebens. Dies ist die frohe Botschaft, die paradoxerweise verbunden ist mit dem skandalösen Charakter des Kreuzes Christi, das die Sicherheiten und Ansprüche der Welt richtet. Daher darf die Kirche niemals aufhören, den gekreuzigten Christus zu predigen (1 Kor 1,18-25; 2,2; Gal 5,11). Sie ermutigt die Christen, in ihrem Leben und ihrem Auftrag dem Beispiel Christi zu folgen und „vor die Tore der Stadt zu gehen" (Hebr 13,12.13).

Kommentar:

Der Tod Christi ist in der Geschichte des christlichen Glaubens auf verschiedene Weise verstanden worden. Eine Art der Interpretation ist häufig in der Theologie der Alten Kirche zu finden und wird besonders in der Tradition der Ostkirche weitergeführt. Hier wird der Tod Jesu Christi – als Gott und Mensch – als Zerstörung der Macht und Auswirkung des Todes verstanden, durch die die Menschen belastet und unterdrückt werden. Tod und Auferstehung Jesu sind ein Sieg, durch den Menschen vom Tod und von allen Mächten der Finsternis befreit werden.

Eine andere Art der Interpretation ist stärker in der mittelalterlichen und nachmittelalterlichen Kirche des Westens vertreten. Hier wird der Tod Jesu verstanden als ein Sühnegeschehen, in dem Genugtuung geleistet wird, wodurch die Schuld weggenommen wird, die Menschen durch die Verletzung von Gottes Ehre durch ihre Sünde auf sich geladen haben.

Es gibt eine dritte Art der Interpretation, die besonders in der modernen Theologie zu finden ist. Hier wird das Sterben Jesu in der Perspektive seines totalen Glaubens und Gehorsams gesehen. Er blieb seinem Auftrag treu bis ans letzte Ende. Dadurch wurde er für uns zum Prototyp eines Lebens, das nicht von seiner Hingabe an Gott und andere Menschen abgebracht werden will und das durch die Qualität, Tiefe und Opferbereitschaft seines Vertrauens Zeugnis ablegt von Gott als dem Liebenden und Barmherzigen.

Auf der Grundlage des oben erläuterten biblischen Zeugnisses sind die in diesen Interpretationen enthaltenen eigentlichen Anliegen keine Alternativen. Sie betonen bestimmte Aspekte dieses Zeugnisses und sollten zusammengehalten werden.

144. In seinem Leiden und Sterben *für uns* hat Jesus trotz all der Feindseligkeiten und Schmerzen, die er vom Volk und von den Autoritäten erleiden mußte, seinen Liebesauftrag nicht aufgegeben, sondern durchgehalten – die gleiche Liebe, mit deren Kraft er seinen Mitmenschen die bedingungslose Liebe des Vaters zeigte. Jesu Tod ist keine Bedingung in dem Sinne, daß die Liebe des Vaters eine solche sühnende Hingabe fordert; vielmehr war es von Anfang an die universale rettende Initiative und Absicht Gottes, seinen Sohn in die Welt zu senden und ihn für die Versöhnung der Welt sogar sterben zu lassen. Somit lebte Jesus sein Leben unter der menschlichen Bedingung, die seinen Tod am Kreuz unabwendbar machte: Es war unvermeidlich, daß Jesus, indem er die grenzenlose Liebe des Vaters in die Welt brachte, den Platz des Sünders einnahm und solche Formen von Feindseligkeit erleiden mußte, die schließlich zu seinem Tod führten. Indem er in eine Welt kam, die unter dem Gericht Gottes ist, erfuhr Christus in seinem Leiden und Sterben die Folgen der menschlichen Sünde. Er wurde von Gott gesandt „in der Gestalt des sündigen Fleisches und um der Sünde willen" (Röm 8,3) als einer, der selbst ohne Sünde war; er wurde als Sünder angesehen und wurde ein Opfer des Fluches des Gesetzes, um uns von dessen Fluch zu befreien (Gal 3,13). Als Lamm Gottes nahm er die Sünden der Welt hinweg (Jes 53,4-7; Joh 1,29).

145. In diesem Sinne ist Jesu Opfer des Leidens und Sterbens, seine Selbsthingabe an Stelle der und für die anderen, das Heil der Welt geworden, weil dies die Weise war, in der Gott die Welt mit sich selbst versöhnte. Die Botschaft von der im Tod Jesu Christi verwirklichten *Versöhnung* ist das an alle Menschen gerichtete Angebot der Befreiung durch Rechtfertigung und Sündenvergebung, empfangen im Glauben, und als Gabe des neuen Lebens im Heiligen Geist. Gott entlastet die durch Sünde und Schuld beladenen Gewissen. Christen erfahren diese Annahme trotz ihrer Schuld und ohne den Zwang, sich eine solche Annahme durch ihre eigenen Taten zu verdienen. Das ist eine tröstliche und befreiende Erfahrung, aber auch ein Impuls, gegen die Sünde anzukämpfen und sich der Verantwortung im persönlichen und gesellschaftlichen Leben nicht zu entziehen.

146. Durch den Glauben und die Taufe stirbt ein Mensch mit Christus und hat Anteil am neuen Leben seiner Auferstehung (vgl. Röm 6,3f; Kol 3,3f). Dies bedeutet, „in einem neuen Leben zu wandeln" (Röm 6,4), befreit zu werden aus dem Teufelskreis der Selbstrechtfertigung und der Ichbezogenheit, des Hasses und der Verletzung der Mitmenschen, der Undankbarkeit gegenüber Gott und der Mißachtung Gottes. Gemeinschaft mit Christus und mit seinem Tode stärkt Menschen, ihre Furcht zu überwinden und mit Vertrauen und der Bereitschaft zu vergeben zu leben und so die tödlichen Mächte des Hasses, der Entfremdung und des Mißtrauens durch Verstehen, Liebe und Versöhnung herauszufordern. Dies ist ein Prozeß, der auch in den gesellschaftlichen und politischen Bereichen und in Einstellungen gegenüber der ganzen Schöpfung als Impuls und Ruf zur Erneuerung, Achtung und Fürsorge wirksam wird.

147. Die Jüngerschaft eines so durch Gottes Liebe befreiten Menschen ist jedoch nicht frei von Sünde, Leiden und Tod. Aber weil unser eigener Tod bereits in der Taufe in den Tod Christi hineingenommen ist, haben wir die Gewißheit, daß selbst der Tod uns nicht trennen kann von Gottes Liebe in Jesus Christus (Röm 8,38f) und von aller Hoffnung für das zukünftige Leben. Daher sind selbst in ihrer Schwachheit und Verwundbarkeit Christen in ihrer Gemeinschaft mit Christus und durch die Kraft des Heiligen Geistes befähigt worden, Mitarbeiter Gottes zu werden. Der Weg der Machtlosigkeit und Niedrigkeit ist der Weg der göttlichen Weisheit (1 Kor 1,18ff); es ist der Weg, auf dem Gottes befreiendes und siegreiches Handeln in der Geschichte wirksam wird.

Unter Pontius Pilatus

148. In dieser Bekenntnisformulierung ist die Formel *unter Pontius Pilatus* besonders bedeutsam, denn sie weist nicht nur darauf hin, daß der Tod und das Leiden des Mensch gewordenen Gottessohns ein spezifisches geschichtliches Ereignis sind, sondern erlaubt uns heute auch, sie in den größeren Rahmen der Weltgeschichte und der menschlichen politischen Macht hineinzustellen. Wie die Formel „unter" andeutet, fand die Hinrichtung Jesu unter der Autorität des römischen Statthalters Pontius Pilatus statt. Pilatus repräsentiert allgemein die politische Unterdrückung eines besetzten Landes. Durch die Art und Weise, wie er während des Verhörs Jesu seine eigene Machtstellung bewahrt, repräsentiert er auch die Verletzung der Menschenrechte eines einzelnen Menschen aus opportunistischen Gründen (vgl. Mk 15,6-15). Die Aussage, daß Jesus unter Pontius Pilatus gekreuzigt wurde, weist darauf hin, daß sein Tod keine private, sondern eine öffentliche Sache war und daß das Ende seines Lebens zutiefst verwoben war mit den damals in Palästina herrschenden politischen Verhältnissen. Dies war eine Folge davon, daß er und seine Jünger das Reich Gottes bezeugten. Diese Zusammenhänge wurden von seinen Feinden mißbraucht und falsch dargestellt. Daß Christi Leben und Tod auf verschiedene Weise mit den sozialen und politischen Verhältnissen in seinem eigenen Land verwoben waren, ist für das Leben, Engagement und Sterben seiner Jünger heute von großer Bedeutung.

149. Im Laufe der Jahrhunderte ist unter Christen zu bestimmten Zeiten eine Einstellung aufgekommen, dem früheren und dem heutigen *jüdischen Volk* Schuld am Tod Jesu vorzuwerfen. Solche Einstellungen gibt es auch heute noch. Obwohl es in der neutestamentlichen Passionsgeschichte Abschnitte gibt, die darauf hindeuten, daß das jüdische Volk die Konsequenzen des Todes Jesu für sich und für seine zukünftigen Generationen akzeptiert, wie z.B. „Sein Blut komme über uns und unsere Kinder" (Mt 27,25), muß doch unterschieden werden zwischen der zitierten jüdischen Stimme der damaligen Zeit und Gottes eigenem Gericht über sein auserwähltes Volk. Auf jeden Fall können solche neutestamentlichen Stellen nicht dazu benutzt werden, die lange und schmerzliche Geschichte antijüdischer Einstellungen unter Christen zu rechtfertigen.

150. Es waren vor allem bestimmte kleine, aber einflußreiche Kreise religiöser Führer und Gruppen, Pharisäer und Sadduzäer, die an den Ereignissen beteiligt waren, die zum Tod Jesu führten. Sie waren gegen ihn wegen seiner „gotteslästerlichen" Ansprüche, seiner Kritik an religiösen Autoritäten und seiner fundamental anderen Auslegung der Autorität des Gesetzes. Diese religiösen Führer, wie auch Pontius Pilatus, sind Beispiel für die Versuchung aller Autoritäten, wenn sie mit der Botschaft vom Reich Gottes konfrontiert werden.

151. Als ein *Jude* wurde Jesus im Kontext des jüdischen Volkes und seiner Tradition geboren, in dem er lebte und starb. So kam der Messias aus Gottes auserwähltem Volk. Es ist diese Partikularität Jesu, die jede antijüdische Interpretation einer Reihe von biblischen Texten zu einem grundlegenden Mißverständnis macht. Der Gekreuzigte war einer aus dem auserwählten Volk Gottes, und sein Tod geschah für die jüdischen Menschen, wenn auch nicht allein für sie (Joh 11,51-53). Sein Tod bereitete der Auserwählung Israels kein Ende, sondern wurde in den Händen Gottes ein Mittel, diese auf die Erwählung von Juden *und* Heiden, auf die ganze Menschheit auszudehnen (vgl. Eph 2,14-18). Dafür muß der Vater sowohl der Juden als auch der Heiden gepriesen werden, weil er durch Christi Tod die Feindschaft durchbrochen hat, die wie eine Trennungswand zwischen Juden und Heiden stand (Eph 2, 13-18). Durch die Schaffung der Kirche hat er beide zu einem ungeteilten Volk gemacht, indem er den wilden Ölzweig der Heiden in den ursprünglichen Ölbaum eingepfropft hat (vgl. Röm 11,17).

Er hat gelitten

152. Die Ankündigung des nahenden Gottesreiches war der Inhalt der Verkündigung und des Wirkens Jesu, aber letztlich auch die Ursache seines Leidens und Sterbens. Seine Treue gegenüber diesem göttlichen Auftrag war ein Ausdruck des exemplarischen Gehorsams gegenüber dem Willen des Vaters. Für eine von Gott entfremdete Menschheit war diese Treue stellvertretend, weil Jesus sich völlig der Gerechtigkeit Gottes unterwarf, so daß durch sein Leiden und seinen Tod alle, die ihm nachfolgen, mit Gott versöhnt werden. So ist das Leiden und Sterben Christi die frohe Botschaft für alle Menschen, weil es durch die Kraft des Heiligen Geistes in der Geschichte der Menschheit neues Leben und neue Hoffnung eröffnet.

153. Das Leiden und der Tod Christi ist in einer besonderen Weise frohe Botschaft für alle Menschen, die leiden. Viele Menschen leiden in unserer heutigen Welt. Wenngleich in Christus „Neues ist geworden" (2 Kor 5,17), harrt die ganze Schöpfung weiterhin mit den Kindern Gottes in Schmerzen der Erlösung der Kinder Gottes (Röm 8,19-21). Einzelne Menschen wie auch Gruppen von Menschen *leiden* unter Verzweiflung, Einsamkeit, Krankheit und Schmerz, körperlichen und geistigen Behinderungen oder Naturkatastrophen. Leiden mag selbstverschuldet, durch andere verursacht oder auf tragische Unfälle zurückzuführen sein. Es gibt aber auch ein freiwillig akzeptiertes Leiden, wo immer Menschen ihr Leben aufs Spiel setzen, um andere zu unterstützen und zu retten und um menschliches Leid zu lindern.

154. Trotz aller auffindbaren Ursachen und rationaler Erklärungen von Leiden und Tod bleibt eine tiefergreifende Frage bestehen: *Warum gibt es überhaupt Leiden und Tod?* Warum widerfährt mir und nicht anderen ein solches Leid? Warum ist mein Volk im Abgrund des Hungertods gefangen, während andere Wohlstand und scheinbare Sicherheit genießen?

155. Hinter diesen Fragen liegt ein Protest gegen Leiden und Tod als solche. Dieser Protest kommt deutlich und konstruktiv zum Ausdruck im Kampf der Kräfte des Lebens gegen die Kräfte der Sünde, des Leidens und des Todes. Die Leidenden finden Mitleid und Mitgefühl. Es werden viele Anstrengungen unternommen, um die Lebensbedingungen der Menschen zu verbessern durch Gesundheitsfürsorge, Sozialdienste und Veränderungen von solchen Strukturen, die massives Leiden und Sterben verursachen. Religionen, Philosophien und Ideologien suchen auf ihre Weise den Kampf gegen Leiden und Tod zu unterstützen.

156. Die Frage an das Glaubensbekenntnis ist: Wie erscheinen die menschliche Situation und das mit ihr verbundene Ringen im Lichte unseres Bekenntnisses des für uns gekreuzigten Christus? Die durch Leiden und Tod Christi angebotene Erlösung bietet keine simple Erklärung oder einen billigen Trost für die Realität von Leiden und Tod des Menschen, sondern ist Gottes Antwort darauf. Im Leiden und Kreuz Jesu hat Gott in der Person seines Sohnes die durch unsere Sünde bewirkte Situation menschlichen Todes auf sich genommen und seine Solidarität und sein *Mitleiden* mit dem menschlichen Leid zum Ausdruck gebracht. Gott steht auf der Seite der Menschen im Kampf mit den Mächten der Sünde und des Todes.

157. Das hat eine zweifache Bedeutung für die menschliche Existenz unter der Macht und Furcht von Leiden und Tod. Gott zeigt Menschen, daß er in diesen Situationen bei ihnen ist, daß er mitleidet, wo sie leiden – gerade auch wo solches Leiden keinen erkennbaren Grund hat –, und dadurch schenkt er ihnen Trost und Kraft. Gott gibt ihnen auch Hoffnung auf ein Leben, das nicht mehr vom Tod gekennzeichnet ist. Darüber hinaus befähigt Gottes Solidarität die Menschen, gegen Leiden und Tod in all ihren Erscheinungsformen zu *kämpfen*. In der besonderen Situation menschlicher Unterdrückung empfängt das Opfer die Gewißheit, daß Gott niemals auf der Seite des Unterdrückers oder des Todbringers steht, sondern sich in seiner Gerechtigkeit der Rechte und des Lebens der Opfer annehmen wird.

158. Weil Christen durch die Taufe Christus einverleibt sind, werden sie auf mancherlei Weise mit ihm ins Leiden geführt, indem sie an seinem Gehorsam teilhaben. Die Berufung zur *Nachfolge* schließt die Bereitschaft ein, sein eigenes Kreuz zu tragen. Wer heute „ja" zu Gott sagt, geht das Risiko ein, sich in das Schicksal Jesu Christi hineinzubegeben, in das „Ja" zu Gott, für das er gekreuzigt wurde.

159. Christus nutzt dieses Leiden für andere und mit anderen, um sein Liebes- und Heilswerk durch uns zu tun. Von einem solchen *Leiden mit Christus für andere*

ist das Leben vieler Christen geprägt gewesen, angefangen von den ersten Nachfolgern Jesu und durch die Jahrhunderte hindurch bis heute. Zu dieser Gemeinschaft der leidenden Zeugen gehören viele bekannte Märtyrer sowie Millionen unbekannter Christen. Durch ihr leidendes Teilhaben am Leiden Christi bringen sie in einer realistischen Weise die Bedeutung des neuen Lebens zum Ausdruck, das alles Leiden überwindet, und sie legen von dieser Gabe vor ihren Mitmenschen Zeugnis ab.

160. Durch das Leiden und das augenscheinliche Ärgernis der Kreuzigung Jesu werden die *ungerechten Mächte dieser Welt* bloßgestellt. Der Unschuldige und Gerechte wurde als Verbrecher gekreuzigt; und diese Tatsache entlarvt auch weiterhin Ungerechtigkeit, die sich als Gerechtigkeit verkleidet. Durch die Kreuzigung Jesu wird die Grausamkeit von Menschen und von beherrschenden religiösen und politischen Mächten bloßgestellt. Obwohl sie scheinbar über den gerechten und liebenden Knecht Gottes siegten, wurde ihr Sieg durch Gottes eigenen Sieg in der Auferstehung als Niederlage erwiesen. Die scheinbare Schwäche Gottes erwies sich als stärker als die Mächte dieser Welt. Die Gerechtigkeit Gottes verurteilt die Ungerechtigkeit jeglicher Macht, die andere ausschließt und ermordet.

161. In der Kraft des Leidens, der Kreuzigung und Auferstehung Christi sind alle Christen und Kirchen dazu aufgerufen, unmenschliche und unterdrückerische Kräfte in dieser Welt zu identifizieren und sich ihnen entgegenzustellen. Im Rückblick auf diejenigen, die behaupteten, Gottes Willen dadurch zu dienen, daß sie seinen Sohn kreuzigten, werden Christen dazu befähigt, die *Götzen* des Status und der Sicherheit zu identifizieren, die Menschen verführen, den wahren und einzigen Gott nicht anzubeten und ihm zu dienen. Zu dieser kritischen Einstellung gehört auch das Bewußtsein der Gefahr eines falschen Triumphalismus in der Kirche und unter Christen, einer Haltung, die das wahre Wesen des Sieges Gottes am Kreuz und in der Auferstehung seines Sohnes verdunkelt. Christen sind dazu aufgerufen und befähigt, wirksame Zeugen Jesu Christi zu sein durch ihr gehorsames Leiden mit ihm und ihr Anklagen und ihren Widerstand gegen alle Mächte, die sich an die Stelle Gottes setzen wollen.

C. Jesus Christus – auferstanden, um alle Mächte des Bösen zu überwinden

162. Der Christus, an den Christen glauben, ist der *lebendige Christus,* der unter ihnen gegenwärtig ist im lebendigen Wort, in der Taufe und in der Eucharistie und im sakramentalen und liturgischen Leben der Kirche. Es ist der gegenwärtige Jesus Christus, der Christen erlaubt, Vergebung anzunehmen und zu gewähren, einander zu lieben und zu segnen und auch zu beten. Christen hätten keine Hoffnung in dieser Welt des Todes und des Hasses, wenn diese nicht ihren Grund hätte im leidenden Christus, dem in ihrer Mitte lebendigen Auferstandenen (vgl. Gal 2,20f; Kol 3,1-14).

163. Solche Aussagen sehen sich heute ernsthaften *Herausforderungen* gegenüber. Wie ist es möglich, inmitten einer Welt, in der „keine Auferstehungen ge-

schehen", an die Auferstehung Christi zu glauben? Wie soll der Glaube an eine Auferstehung der Toten und an das Leben der zukünftigen Welt möglich werden in einer Zeit, die durch eine bestimmte Art von wissenschaftlich-technologischem Denken gekennzeichnet ist? Und wie soll der Glaube an die zukünftige Welt verstanden werden angesichts der Begrenzung und Möglichkeiten, wie sie in einem naturwissenschaftlichen Weltbild beschlossen liegen? Wie kann die Kraft des auferstandenen Christus gegenüber den gesellschaftlichen, wirtschaftlichen, ideologischen und anderen Mächten, die unser Geschick beherrschen wollen, zu einer Quelle der Stärke, der Ausdauer und der Hoffnung werden?

I. DAS BEKENNTNIS UND SEIN BIBLISCHES ZEUGNIS

a) Der Text des Bekenntnisses

164. „Er ist am dritten Tage auferstanden nach der Schrift
und aufgefahren in den Himmel.
Er sitzt zur Rechten des Vaters
und wird wiederkommen in Herrlichkeit,
zu richten die Lebenden und die Toten.
Seiner Herrschaft wird kein Ende sein."
(AG: „Am dritten Tage auferstanden von den Toten,
aufgefahren in den Himmel;
er sitzt zur Rechten Gottes,
des allmächtigen Vaters;
von dort wird er kommen,
zu richten die Lebenden und die Toten.")

165. Die Darstellung der Erhöhung Christi als eine Abfolge von Auferstehung, Himmelfahrt und Sitzen zur Rechten des Vaters geht besonders auf den Bericht im Lukasevangelium und in der Apostelgeschichte zurück. Sie wurde in der Alten Kirche zur vorherrschenden Auffassung und kommt im Glaubensbekenntnis von Nizäa-Konstantinopel zum Ausdruck.

166. Die Aussagen in diesem Abschnitt des Glaubensbekenntnisses bestehen fast ausschließlich aus direkten und indirekten Zitaten neutestamentlicher Stellen. Der Zweck dieser Auswahl zentraler biblischer Aussagen muß in der ursprünglichen Verwendung von Glaubensbekenntnissen bei der Taufe gesehen werden, d. h. im Kontext des Gottesdienstes und der Identifizierung mit Christus in der Taufe mit seinem Leiden und seiner Herrlichkeit. Im Glaubensbekenntnis spiegelt sich eine ähnliche Schau der „Heilsgeschichte" wider, wie in früheren und kürzeren Glaubensbekenntnissen in der östlichen und westlichen Kirche, z.B. im Apostolischen Glaubensbekenntnis. Das ist von besonderer Bedeutung in bezug auf die Aussagen über die Wiederkunft Christi und die endgültige Vollendung.

b) Biblisches Zeugnis

167. Es ist grundlegend für den christlichen Glauben und die christliche Gemeinschaft, daß Jesus von den Toten auferstanden ist (1 Kor 15,4.13f.18f). In den *Evangelien* wird diese Botschaft in den Osterberichten entfaltet. Das Geschehen als solches wird niemals beschrieben, sondern eher die Anzeichen dafür: der weggerollte Stein, das leere Grab (Mt 28,1-8; Mk 16,1-8; Lk 24,1-6; Joh 20,1-2).

168. In demselben frühen Glaubensbekenntnis (1 Kor 15,3-5) gehören die Erscheinungen bei den Aposteln ebensosehr zu dessen Inhalt wie die Auferstehung selbst. Die Berichte in den Evangelien dagegen unterstreichen die Bedeutung der Erscheinungen (Mt 28,16-20; Lk 24,13-43; Joh 20,19-28; 21). Sie haben zumindest eine zweifache Funktion.

169. Auf der einen Seite geben sie den Aposteln die Gewißheit, daß der auferstandene Herr mit Jesus identisch ist. Dies ist entscheidend wegen des Elements der „Verwandlung", das mit dem verherrlichten Sein des Auferstandenen verbunden ist. Die Evangelien wie auch die Apostelgeschichte spiegeln das Dilemma wider, das durch diese Verwandlung entstanden ist, wie auch die Notwendigkeit, die Zweifel der Apostel in bezug auf die Identität des ihnen Erscheinenden mit Jesus zu überwinden (Mt 28,17; Lk 24,25-32.36-43; Joh 20,24-28; 21,4-13; Apg 9,5; 22,8; 26,15). Diese Identität ist in der frühen apostolischen Botschaft von der Auferstehung von zentraler Bedeutung (Apg 2,30).

170. Andererseits und neben ihrer Funktion als Bestätigung dienen die Erscheinungen als eine Einladung an die Apostel, die „frohe Botschaft" der Auferstehung zu verbreiten. Alle Ostererscheinungen enden mit einer Aufforderung, das Erlebte weiterzusagen: Die Frauen sollen den Aposteln berichten, und die Apostel sollen die ganze Welt evangelisieren. Die Auferstehung und die apostolische „Sendung" sind untrennbar, wie das Zeugnis des Paulus deutlich zeigt: Sein einziger „Beweis" dafür, daß er ein Apostel ist, liegt darin, daß Jesus, der auferstandene Herr, ihm erschienen ist (Röm 1,4f; 1 Kor 15,7f; Gal 1,11f).

171. Der Grund für diese Wechselbeziehung zwischen den Ostererscheinungen und dem Apostelsein liegt in der Tatsache, daß das Evangelium nicht nur die Auferstehung als ein früheres Geschehen, sondern auch als die *faktische* und *definitive* Herrschaft des auferstandenen Christus verkündigt (Mt 28,18.20; Lk 24,29; Joh 17; 20,21-23; Apg 2,36: Röm 1,4; 10,9; 1 Kor 12,3; Phil 2,11). Mit anderen Worten, die Auferstehung ist untrennbar von der Erhöhung Jesu zur Rechten Gottes (Phil 2,9-11; Eph 1,20-22; Kol 1,18f; Hebr 1,3; Apg 2,33f). Die beiden letzten Schriftstellen geben die Verwendung der klassischen Stellen in Psalm 2,7 und Psalm 110,1 wieder.

172. Das „Auffahren" in den Himmel erhält in der Theologie des Lukas einen besonderen Platz (Lk 24,51; Apg 1,6-11). Es kommt ebenfalls vor in Joh 3,13; 6,62; 20,17 und in dem frühen Hymnus in 1 Tim 3,16 (vgl. auch Eph 4,8-10).

173. Daß die Himmelfahrt die Herrschaft Christi manifestiert, läßt sich daraus ersehen, daß im Nizänum die Bekräftigung der Wiederkehr Christi in Herrlichkeit als der Richter über alle unmittelbar folgt. Diese „unmittelbare" Aufeinanderfolge von Himmelfahrt und Wiederkehr in Herrlichkeit ist in Apg 1,9-11 eindeutig festzustellen. Sie geht zurück auf frühe traditionelle Bekenntnisse (1 Thess 1,10; vgl. auch 1 Kor 16,21; Offb 22,17.20) und Lehren (1 Thess 4,14; 1 Kor 15,23-26; vgl. auch 1 Kor 11,26).

174. Offensichtlich kann die „unmittelbare" Aufeinanderfolge solcher Ereignisse, die „so weit" auseinander liegen, nur von denen wahrgenommen werden, die glauben, daß Christus bereits verherrlicht ist. Für die Welt wird diese Verherrlichung erst durch deren Offenbarung bei Christi Wiederkunft als Richter erkennbar. Für die Welt geht „chronos", die Zeit, weiter. Für Christen hat sie in Christus bereits ihr Ende erreicht. Obwohl sie weiterhin in dieser Welt leben, ist für sie der „kairos" der Herrschaft Christi bereits eine gegenwärtige Wirklichkeit geworden (Röm 8,11; 2 Kor 5,1-10; Phil 3,20f; Eph 1,18-20; 2,6; Kol 2,12; 3,1-3; 1 Petr 1,3-5; vgl. auch 1 Kor 8,5f).

175. Diese „neue Wirklichkeit" der Christen ist darauf zurückzuführen, daß Jesu Auferstehung sich auf ihr Sein und ihr Leben auswirkt. Christus, der Erhöhte, „gießt den Heiligen Geist aus" (Apg 2,33; auch Röm 5,5; 8,9-11) auf diejenigen, deren „Erstgeborener unter vielen Brüdern" er ist (Röm 8,29; auch Kol 1,18); er ist der „neue/ letzte Adam" (1 Kor 15,45) und als solcher unser neues/letztes Ebenbild (V. 46-49). Unser „neues Leben" wird durch Christus bestimmt (Gal 2,19f; Phil 1,21; auch Röm 6,11.15.23).

II. AUSLEGUNG FÜR HEUTE

Er ist auferstanden und aufgefahren in den Himmel

176. Christen glauben und bekennen, daß Jesus nicht in der Gewalt des Todes blieb, sondern von den Toten auferweckt wurde. Sie glauben, daß die Auferstehung das *entscheidende Ereignis* ist, ohne das „unsere Predigt vergeblich ist und auch unser Glaube vergeblich ist" (1 Kor 15,13-14). Und sie bekennen die Auferstehung Jesu und die Gabe des Heiligen Geistes, die unmittelbar mit ihr verbunden ist, als den Grund des Lebens und der Identität der Kirche, als den Grund der Hoffnung für die ganze Welt und als Gottes Unterpfand für das ewige Leben.

Kommentar:

Das Geheimnis der Auferstehung hat immer unterschiedliche Interpretationen provoziert. Diese sollten jedoch Christen nicht trennen, solange sie miteinander die Wirklichkeit des auferstandenen Christus bekennen.

177. Das neue Leben des Auferstandenen ist eine gegenwärtige Wirklichkeit. Es macht sich auf verschiedene Weise bemerkbar, wenn auch in verhüllter Form. Es ist zugleich Grund zur Freude und zur Hoffnung. Die Auferstehung Jesu Christi bringt eine *Freude* hervor, die ihren Ausdruck findet in Liedern, im Lobpreis und in Gebeten, in der Feier der Sakramente, in christlicher Gemeinschaft und im Streben nach einer umfassenderen und tieferen christlichen Einheit. Diese Freude schenkt die Freiheit zum Teilen der frohen Botschaft von Jesus Christus, auch inmitten von Leiden und unter widrigen Umständen, im Dienst an den Armen, Notleidenden und Kranken und im christlichen Geben. Die freudige Botschaft von der Auferstehung ist es, die Christen dazu befähigt, alle menschlichen Grenzen zu überschreiten und die Schranken zu durchbrechen, die uns als Klassen, Kasten, Rassen, Geschlechter, Religionen und Ideologien voneinander trennen.

178. Die Auferstehung Jesu Christi weckt auch *Hoffnung* in uns — Hoffnung für das Leben auf Erden wie für das Leben jenseits des Todes; denn sie verweist auf das Reich Gottes, das die Möglichkeit einer neuen Zukunft für die Menschheit als ganze sowie für jeden einzelnen Menschen schenkt. Im Lichte der Auferstehung brauchen Christen nicht zu kapitulieren vor scheinbaren Sackgassen oder hoffnungslosen Situationen, weil der Gott der Auferstehung in Christus gegenwärtig ist, um eine neue Möglichkeit anzubieten, die Leben aus dem Tod hervorbringt. Diese Hoffnung vertreibt die Angst vor dem Tod und allen bösen Mächten. Sie will sich nicht damit zufriedengeben, den „Status quo" des alten Menschseins aufrechtzuerhalten, und stellt sich gegen alle unterdrückerischen Mächte, die dem neuen Leben entgegenwirken. Das auf die Auferstehung Jesu gegründete Leben ist um das Wohl des Nächsten und um die Erneuerung der ganzen menschlichen Gemeinschaft bemüht, da es weiß, daß Jesus auferstanden ist, um Haupt und Herr der neuen Menschheit zu sein.

179. Nach der im neutestamentlichen Zeugnis vorherrschenden Linie können Auferstehung und Himmelfahrt als verschiedene Aspekte der einen Wirklichkeit der Erhöhung des Herrn betrachtet werden. Der erhöhte Herr ging zum Vater, um an seiner Herrlichkeit teilzuhaben und um uns heute Raum zu geben in seiner Gemeinschaft mit dem Vater.

Er sitzt zur Rechten des Vaters

180. Bei der Auferstehung und Himmelfahrt wird Christus durch den Vater erhöht. Wegen seines Gehorsams wurde er vom Vater bestätigt als eins mit ihm an Ehre und Würde und erhält den Titel *Herr*, den Titel, mit dem Gott in der Schrift bezeugt wird (Phil 2,10). Aufgrund seines Gehorsams ist er jetzt für immer mit der Herrschaft Gottes des Vaters verbunden. So ist er es, der zu Pfingsten den Heiligen Geist ausgießt und der Menschheit die Gabe der Erlösung anbietet (Apg 2,33). Nichts kommt von Gott ohne ihn. Im Kolosserbrief heißt es sogar, daß Gott durch ihn und für ihn alles im Himmel und auf Erden geschaffen hat, das Sichtbare und das Unsichtbare, einschließlich der geistigen Mächte und Gewalten (1,15-20). Und er wird die Welt richten.

181. Wenn wir Christus als *Herrn* bekennen, der zur Rechten des Vaters sitzt, dann bekennen wir unseren Glauben, daß Gott trotz menschlicher Sünde und all ihrer schmerzlichen Folgen über die Kräfte des Bösen und über den Tod selbst gesiegt hat und siegen wird. Bereits jetzt sind alle Mächte und Herren dieser Welt seiner Herrschaft untertan (vgl. Mt 20,20ff; Lk 22,24ff). Der erhöhte Herr ist überall in der Welt und selbst außerhalb der Kirche um seines Reiches willen am Werk. Dies stützt und stärkt unsere Gewißheit bei der Ausübung des missionarischen Auftrags der Kirche, die Herrschaft Christi aller Welt zu verkünden.

182. Wir bekennen auch, daß Christus, genau wie er sich während seines irdischen Lebens für die Welt hingab und seine Jünger im Gebet in ihrem Namen begleitete, auch heute weiterhin *fürbittend* für uns eintritt. Jesus Christus, der von den Toten auferweckt wurde, der zur Rechten Gottes sitzt, ist unser Fürsprecher, der Hohepriester, der immer fürbittend für diejenigen eintritt, die durch ihn zu Gott kommen, und der für alle Zeiten ihr Erlöser sein kann. Daher richten Christen ihre Fürbitten in Christi Namen, in ihm und durch ihn, an den Vater, indem sie ihre Gebete mit seinen vereinen und so an seinem priesterlichen Dienst teilhaben.

183. Die Herrschaft Christi erfordert unsere Antwort. Im auferstandenen Christus erkennen wir den Knecht, den Gekreuzigten. Er ruft uns dazu auf, seine treuen Jünger zu sein, sein Amt der dienenden Liebe fortzusetzen, unser Kreuz zu tragen und um seinetwillen zu leiden. Wenn wir so handeln, bringen wir unsere Annahme der Herrschaft Jesu Christi zum Ausdruck und legen unser Zeugnis vor der Welt ab. Christen verkündigen, daß die Mächte des Todes und des Bösen besiegt worden sind und daß Christus jetzt mit dem Vater herrscht. Diese Aussage scheint in scharfem Kontrast zu unserer Erfahrung in einer Welt zu stehen, in der wir das Böse und das Leiden in vielfältiger Form kennen und in der alles Leben mit dem Tod endet. Es gibt keine eindeutige Erfahrung von Gottes Reich des Friedens, der Gerechtigkeit und der Liebe in dieser Welt. Dennoch bekräftigt der christliche Glaube, daß Jesus Christus jetzt und hier Herr und Meister dieser Welt ist. Selbst die Mächte des Bösen und des Todes sind der Sache seines Reiches untertan gemacht worden.

184. Heute warten wir noch immer auf die Vollendung des Sieges und der Herrschaft Christi, doch mit den Augen des Glaubens sehen wir in unserer Mitte überall dort *Zeichen des neuen Lebens der Auferstehung,* wo dieses neue Leben in das alte einbricht. Wir erkennen Zeichen der Auferstehung im Leben von Männern und Frauen, die sich ohne Angst verpflichten, dem Gekreuzigten nachzufolgen, sowie auch im Zeugnis der vielen Bekenner und Märtyrer aller Zeiten. Wir erleben einen Vorgeschmack der Auferstehung, wo immer Glaube, Hoffnung und Liebe in Christus manifest werden in einem neuen Erfassen von Gemeinschaft, Heilung, Versöhnung und echter Befreiung.

Er wird wiederkommen in Herrlichkeit, zu richten die Lebenden und die Toten

185. Indem wir verkündigen, daß Christus wiederkommen wird, bekräftigen wir unseren Glauben, daß, wenngleich diese Welt an ein Ende kommen wird, dennoch Gottes Geschichte mit seiner Schöpfung zu einer endgültigen Vollendung gebracht werden wird in dem Einen, in dem alle Dinge ihren Anfang hatten, dem Einen, der das Alpha und das Omega ist. Wir erkennen, daß eine Spannung besteht zwischen dem Anbruch des Gottesreiches in Christus und dessen endgültiger Vollendung, aber wir glauben, daß die in Christus begonnene neue Schöpfung in Christus auch erfüllt werden wird. Dies verstehen wir als eine allumfassende *Erfüllung,* denn unsere eigene Rechtfertigung und Erlösung sind nur ein Teil der ersehnten Erlösung der ganzen Schöpfung. So warten Christen in sehnsüchtiger Hoffnung auf die endgültige Erfüllung und Vollendung des von Gott angebotenen neuen Lebens, das unserer Welt und Geschichte in der Auferstehung Christi, des gekreuzigten Herrn, geschenkt wird.

186. Der Glaube bekennt, daß der Herr *„in Herrlichkeit"* wiederkehren wird. Das heißt, daß er in der Kraft und Vollmacht Gottes triumphierend kommen wird, um die Welt zu richten, aber auch um den Glaubenden die Verwandlung ihres Lebens durch Teilhabe an Gottes Herrlichkeit zu schenken, so daß der verheißene Tag der Ruhe schließlich kommen wird. In der Hoffnung, daß alle gerettet werden, sind die Christen gewiß, daß die Christus treu nachfolgenden Gläubigen vollen Anteil an der Freude der Schöpfung und Erlösung haben werden.

187. Als Christen teilen wir die gemeinsame Überzeugung, daß wir alle vor dem *Gericht Christi* erscheinen müssen. Im neutestamentlichen Zeugnis finden sich unterschiedliche Akzente im Blick auf die Art und Weise des Gerichts. Die Verkündigung von Christus als dem Richter muß ausgewogen werden durch die Erkenntnis, daß Christus der Fürsprecher ist, der für uns eintritt, wenn wir vor dem Vater stehen, und der selbst das Opfer für unsere Sünden ist. Doch nicht alles in unserem gegenwärtigen Leben kann in der Gegenwart Gottes überdauern (vgl. 1 Kor 3,13-15).

Kommentar:

Es gibt jedoch unterschiedliche Auffassungen hinsichtlich der Zeit und der Art des Wiederkommens Christi und des Gerichts. Einige betonen eine verwirklichte Eschatologie, bei der das Gericht in erster Linie eine gegenwärtige Erfahrung ist, während andere ein stärker apokalyptisches Verständnis haben und die Endzeit und das noch bevorstehende Gericht hervorheben. Einige betonen eine individuelle Auferstehung der Toten nach dem Tod jedes einzelnen Menschen; andere legen das Schwergewicht auf das Gericht, das erst bei der universalen Auferstehung am Ende der Zeit geschehen wird. Diese Verschiedenheit im christlichen Verständnis spiegelt eine Vielfalt sowohl der Interpretationen der neutestamentlichen Schriften als auch unter diesen Schriften selbst wider.

188. Christen sind oft versucht, sich selbst als Richter über andere zu erheben oder sich einen göttlichen Richter zu wünschen, der nach *ihrem* Willen urteilt. Wir glauben jedoch, daß die frohe Botschaft gerade darin besteht, daß wir nicht dazu aufgerufen sind zu richten. Das bedeutet nicht, daß wir uns schöpferischer Gesellschaftskritik und politischer Aktivität enthalten müssen. Aber das Richten ist *Gottes Vorrecht* und wird nach Gottes Willen geschehen, wie er in Christus offenbart ist. Das Ergebnis dieses Richtens kann daher durchaus anders aussehen, als wir es erwarten und wünschen.

189. Was Gottes Richten über uns anbetrifft, so stimmen wir in unserem Glauben überein, daß, so sehr auch Gerechtigkeit und Liebe im menschlichen Leben in Spannung zueinander stehen mögen, die Bibel eindeutig bezeugt, daß sie in Gott nicht voneinander getrennt werden können. Wir sind nicht gerecht, sondern unser Richter ist der Gerechte. Wir können uns als Menschen unserer Verantwortung für unsere Sünden nicht entledigen, aber wir sehen dem Urteil über uns entgegen im Vertrauen auf Gottes barmherzige und vergebende Liebe, wie sie uns in dem Christus offenbart wird, der selbst Leiden und Rechtfertigung durchgemacht hat und uns lehrt, unsere Feinde zu lieben.

Seiner Herrschaft wird kein Ende sein

190. Der auferstandene Christus ist erhöht worden zur Rechten des Vaters und übt die Macht seines Reiches aus. Obwohl dies erst zur Zeit seines zweiten Kommens offenbar werden wird, bekräftigt die Kirche es bereits jetzt als eine Wirklichkeit, die zwar unseren Augen verborgen bleibt, aber dennoch wirksam ist.

Kommentar:

Während der ersten Jahrhunderte herrschten unterschiedliche Meinungen hinsichtlich der Dauer jenes Reiches Christi. Die sogenannten „Millenarier" träumten von „tausend Jahren", bis bei seinem zweiten Kommen die Heiligen zusammen mit Christus über die Welt herrschen würden. Diese Auffassung interpretierte Offb 20,1-6 entsprechend den jüdischen apokalyptischen Erwartungen. Sie berief sich auch auf den Apostel Paulus, der in 1 Kor 15,28 sagte, daß am Ende der Sohn seine Herrschaft an den Vater zurückgeben wird. Nach dieser Interpretation schien Paulus eine Zeit messianischer Herrschaft vorauszusetzen, die sich von der ewigen Herrschaft des Vaters selbst unterscheidet. Der Kontext dieser Stelle bei Paulus stützt nicht eine solche Interpretation.

191. Vom Anfang seiner irdischen Sendung an hat Jesus das Reich des Vaters verkündigt (Mk 1,15). Sein Wirken bedeutete, daß die Herrschaft des Vaters unter dem Volk, „mitten unter euch" (Lk 17,21; vgl. 11,20), zur gegenwärtigen Wirklichkeit wurde. Daher kann sein eigenes Reich niemals etwas anderes sein, als das Reich des Vaters vorzubereiten und herbeizuführen. Das ist ja gerade sein Reich: alle und alles

zu überzeugen und zur Unterwerfung unter den Vater hinzuführen, so wie der Sohn sich dem Vater unterwirft. Christus der König strebt nicht nach seiner eigenen Herrschaft, sondern nach der des Vaters, und deshalb „wird sein Reich kein Ende haben" (Lk 1,33).

Kommentar:

Das Bekennen der Herrschaft Christi enthält sowohl eine polemische als auch eine konstruktive Beziehung zu den Herrschaftsgebilden und Reichen dieser Welt. Polemisch gesehen führt es zu Kritik an Systemen und Ideologien – Ideologiekritik – und zur Entlarvung falscher Ansprüche auf Dauer, wie sie in jeder Art von Imperialismus gestellt werden. Die Weltgeschichte – ja sogar die Kirchengeschichte – hat so viele „Reiche" hervorgebracht, die „tausend Jahre" dauern sollten oder „absolute Gültigkeit" beanspruchten – faktisch totalitäre Gebilde, die Experimente mit grausamen Folgen waren. In der Politik wird dem Christen geholfen durch die nüchterne, aber auch ermutigende Gewißheit, daß nur Gottes Reich – sein Reich mit „Gerechtigkeit und Friede und Freude in dem heiligen Geist" (Röm 14,17) – kein Ende hat. Konstruktiv gesehen impliziert es, daß das Reich Gottes relevant ist für die irdischen Reiche dieser Welt, denn so vorläufig sie auch sein mögen, so gibt es ihnen doch eine Perspektive ihrer letzten Bestimmung und ein Kriterium dafür, was von dem kommenden Richter einmal von ihnen erwartet wird. Die Weltgeschichte sollte mit jenem Gericht im Blick gestaltet werden – d. h. im Licht des Reichs des Pantokrators, des Herrschers über alle Schöpfung.

192. „Meine Lieben, wir sind schon Gottes Kinder; es ist aber noch nicht offenbar geworden, was wir sein werden. Wir wissen aber: wenn es offenbar wird, werden wir ihm gleich sein; denn wir werden ihn sehen, wie er ist" (1 Joh 3,2).

TEIL III

Wir glauben an den Heiligen Geist, die Kirche und das Leben der kommenden Welt

A. Der Heilige Geist

193. Die Kirche bekennt und feiert den Heiligen Geist, „der Herr ist und lebendig macht". Und nur in der Kraft dieses selben Geistes sind christlicher Glaube und sein Bekenntnis möglich. Weil der Gott, den wir im Credo bekennen, als ein dreieiniger Gott offenbart ist, darf der Glaube an den Heiligen Geist niemals losgelöst werden vom Glauben an den Vater und den Sohn. In der Kirche wird der Heilige Geist niemals getrennt vom Vater und Sohn erfahren, bekannt und angebetet. Als der Herr und Lebensspender ermöglicht der Heilige Geist unsere Gemeinschaft mit dem Vater und dem Sohn und ist daher grundlegend für christlichen Glauben, christliches Leben und Hoffen.

194. Glaube an den Heiligen Geist ist auch grundlegend für unser Verständnis der Kirche, für unser Bekenntnis der einen Taufe zur Vergebung der Sünden und für unsere Erwartung der Auferstehung der Toten und des Lebens der kommenden Welt.

195. Heute sieht sich das Bekenntnis des Heiligen Geistes vielen *Herausforderungen* gegenüber. Zu den drängendsten Herausforderungen gehören: der Konflikt um das „filioque" zwischen der östlichen und der westlichen Kirche; die Beziehung des göttlichen Geistes zum menschlichen Geist, Bewußtsein und Gewissen; die Beziehung des Heiligen Geistes zur Prophetie im Alten Bund und der Gabe der Prophetie in der Kirche; die Kriterien für das Erkennen des Wirkens des Geistes innerhalb der Kirche und die Frage des Wirkens des Geistes außerhalb der Kirche.

I. DAS BEKENNTNIS UND SEIN BIBLISCHES ZEUGNIS

a) Der Text des Bekenntnisses

196. „Wir glauben an den Heiligen Geist,
der Herr ist und lebendig macht,
der aus dem Vater hervorgeht,
der mit dem Vater und dem Sohn
angebetet und verherrlicht wird,
der gesprochen hat durch die Propheten."
(AG: „Ich glaube an den Heiligen Geist.")

197. Als im Glaubensbekenntnis von Nizäa-Konstantinopel die Väter der Kirche ihren Glauben an den Heiligen Geist bekannten, rezipierten und bezeugten sie den seit apostolischer Zeit überlieferten Glauben. In ihrem Bekenntnis wurden sie auch

beeinflußt durch die Anfragen mehrerer christlicher Gruppen hinsichtlich des Heiligen Geistes und dadurch, daß sogar von einigen der dritten Person der Trinität die Göttlichkeit abgesprochen wurde. Es ging ihnen auch darum, den gemeinsamen Glauben der Kirche zu klären, der vor allem im liturgischen Leben entweder implizit oder in einer Vielfalt von Ausdrucksformen bereits bekannt wurde. Die Taufe wurde im Namen des Vaters, des Sohnes und des Heiligen Geistes vollzogen, und in der Vielfalt doxologischer Formen wurde der Heilige Geist zusammen mit dem Vater und dem Sohn verherrlicht.

Kommentar:

Das Glaubensbekenntnis nennt den Heiligen Geist nicht „Gott", wie es den Sohn Gott nennt, wenn es ihn als „wahren Gott vom wahren Gott" bezeichnet. Es benutzt auch nicht − wie in der späteren Theologie − den Begriff „homoousios", um die Identität zwischen dem Heiligen Geist und Gott dem Vater zu beschreiben, wie es die Identität des Gottseins zwischen dem Sohn und dem Vater beschreibt. Durch die Verwendung des Titels „Herr" für den Heiligen Geist bekräftigt das Bekenntnis jedoch, daß die Göttlichkeit des Geistes genau die gleiche wie die des Vaters und des Sohnes ist, die durch die Verwendung des Begriffes „homoousios" verteidigt wurde. Damit hatte die Kirche ihre Lehre von der heiligen Trinität der drei göttlichen Personen (oder „Hypostasen") − Vater, Sohn und Heiliger Geist − in der vollkommenen Einheit ein und desselben göttlichen Wesens (ousia) herausgestellt.

b) Biblisches Zeugnis

198. Die erste christliche Generation bekannte den Heiligen Geist als denjenigen, durch den Christus gezeugt und von der Jungfrau Maria geboren wurde (Lk 1,35) und der Jesus in seiner Taufe als Messias bestätigte (Mt 5,16; par.; Mk 1,10; Apg 10,38). Der Geist war in Christus gegenwärtig und wirksam in seinem ganzen Wirken (Mt 12,28; Lk 4,14; Joh 1,32f) und erweckte ihn von den Toten (1 Kor 15,45).

Die ersten Christen erkannten, daß dies derselbe Geist war, der über den Wassern schwebte, der durch die Propheten redete, die Könige des Volkes salbte und die Gebete der Gläubigen inspirierte. Das Pfingstereignis erfuhren, verstanden und verkündigten sie als das Ausgießen desselben Geistes, der bereits durch die Propheten gesprochen hatte, als Gabe der Endzeit (Apg 2,1-21). Das Neue Testament zeigt deutlich, daß der an Pfingsten geschenkte Heilige Geist die Quelle des Lebens der Kirche ist, der in der Verkündigung der frohen Botschaft Glauben erweckt und durch die Taufe dem Leib Christi neue Glieder hinzufügt. Der Heilige Geist entfacht den Glauben (1 Kor 12,3) und gibt die für das Leben des Gläubigen und der Gemeinde notwendigen Gaben (1 Kor 12,4-13; 14,1). Der Geist inspiriert das Gebet (Röm 8,15-16), die Freiheit der Kinder Gottes (Röm 8,12-16). Vom Heiligen Geist wird die endgültige Auferstehung kommen (Röm 8,11). Der Heilige Geist ist „der andere Tröster (Paraklet)" (Joh 14,16). Am Ende der Zeit ruft der Geist die ganze Schöpfung zur Vollendung in der Herrlichkeit Gottes (Offb 22,17).

199. Indem die *apostolische Kirche* so das alttestamentliche Zeugnis vom Geist Gottes aufnahm, erkannte sie im Lichte ihres Glaubens an Jesus Christus, daß der in der Geschichte wirksame Geist nicht eine unpersönliche Kraft war. Nachdem sie erkannt hatten, daß der in Jesus Christus fleischgewordene göttliche Logos eine Person ist, wurde es für die Christen möglich, in einer ähnlichen Weise zu bekennen, daß der Geist Gottes ebenfalls eine göttliche Person ist. Von daher erkannten sie an, daß der Heilige Geist, zusammen mit dem Vater und dem Sohn, eine in der Heilsökonomie wirksame göttliche Person ist (Ps 33,6; Hes 37,1-4; Röm 1,3-5; 8,14-17).

II. AUSLEGUNG FÜR HEUTE

Glaube an den Heiligen Geist

200. Zum Glauben an den Heiligen Geist gehört die Glaubensaussage, daß der Heilige Geist eine göttliche Person ist, die in der Kirche stets gegenwärtig ist und wirkt. Wo immer der Vater und der Sohn wirken, dort ist auch der Heilige Geist zu finden. Die ganze Schöpfung und jeder göttliche Segen für sie kommt vom Vater durch den Sohn im Geist. Und es ist im Heiligen Geist und durch den Sohn, daß der Vater verherrlicht wird, wenn die Welt zu dem wird, was sie sein sollte: ein Lobopfer.

Kommentar:

Christen unterscheiden sich in ihrem Verständnis vom Wirken des Heiligen Geistes außerhalb der Kirche. Einige würden behaupten, daß der Geist Christi nur innerhalb der christlichen Gemeinschaft wirksam ist. Andere würden behaupten, daß was immer im Leben und Handeln von Nichtchristen und Nichtglaubenden „wahrhaftig, ehrbar und gerecht" (Phil 4,8) ist, vom Heiligen Geist Gottes ausgeht, und wiederum andere, daß die Herrschaft des Geistes in der Geschichte unseren Augen verborgen bleibt.

201. Der Geist Gottes ist heilig, weil er zum ewigen Sein der Trinität, dem völlig anderen, gehört und in der Heilsökonomie wirkt, um die Menschheit in die Gemeinschaft mit dem heiligen Sein des dreieinigen Gottes zu bringen. Diese Gemeinschaft zu haben, ohne die kein Mensch Leben und Heil finden kann, ist eine Gnadengabe Gottes.

202. Die Heilige Schrift beschreibt den *Heiligen Geist* als Gottes eigenen Atem (vgl. Joh 20,22-23), seine lebendige und lebenschaffende Kraft, Liebe und Wahrheit. Er ist nicht einer der vielen Geister, die im Weltall vermutet werden. Der Geist ist jeglicher materiellen und geistigen Form des Bösen entgegengesetzt. Durch den Heiligen Geist wird die geschaffene Welt durch Gottes Gnade geheiligt. Losgelöst vom Heiligen Geist werden die Dinge fleischlich und leblos.

Kommentar:

Weil Gottes Geist (Ru'ah) im Hebräischen und in verwandten Sprachen weiblich ist, vertreten einige die Meinung, der Heilige Geist müsse als so etwas wie „das weibliche Prinzip" in Gott verstanden und als „sie" bezeichnet werden. Die Kirchen jedoch bekräftigen die biblische Bildsprache mit ihren symbolischen Analogien und der Verwendung von metaphorischer Sprache unter Beibehaltung des traditionell gebrauchten männlichen (oder im Englischen auch sächlichen) Geschlechts.

Der Herr

203. Indem sie den Geist als Herrn bekennt, bekräftigt die Kirche seine Göttlichkeit und erkennt die Herrschaft des Geistes über die ganze Schöpfung und Geschichte an. Als göttliche Person ist der Geist eins mit Gott dem Herrn (Theos Kyrios), eins mit Christus dem Herrn (Christos Kyrios).

204. Das Herrsein des Geistes ist keine Herrschaft brutaler Gewalt, unterdrückerischer Macht oder tyrannischer Manipulation. Im Gegenteil, es ist eine Herrschaft, die die ganze Schöpfung befreit und „die herrliche Freiheit der Kinder Gottes" (vgl. Röm 8,21) schenkt. Böse Geister ergreifen Besitz. Geistloses Fleisch versklavt. Verderbte Mächte unterdrücken, beherrschen, manipulieren und beuten aus. Der Heilige Geist befreit Menschen selbst von den versklavenden Formen menschlicher Sünde: Er ist eine Kraft, die sie befähigt, Bösem zu widerstehen und auf dessen Überwindung hinzuwirken.

Der lebendig macht

205. Durch den Geist Gottes und in ihm wird den geschaffenen Wesen die Gabe des Lebens verliehen. Alle Formen des Lebens sind Gaben Gottes (Ps 104,29.30), die mit Achtung zu behandeln sind: menschliches Leben wie das Leben aller anderen lebendigen Geschöpfe, der Tiere, der Vögel im Himmel und der Fische im Meer. Der Menschheit, zum Ebenbild Gottes geschaffen, ist Herrschaft über die geschaffene Welt anvertraut worden. Doch als Gottes Partner haben Frauen und Männer die Pflicht, die Integrität der Schöpfung zu achten, zu verteidigen und zu bewahren, die durch Verunreinigung und Ausbeutung der Natur und die Verletzung der Menschenrechte entstellt wird, damit Gottes Gabe des Lebens gedeihen kann. Im Rahmen der modernen Gesellschaft ist es unbedingt geboten, unsere Verantwortung als Christen für die Integrität der Schöpfung im Gehorsam gegenüber dem Schöpfer aller Dinge zu bekräftigen.

Kommentar:

Es ist notwendig, daß wir unsere Achtung der Integrität der Schöpfung neu bekräftigen, dabei aber eine Sakralisierung der Natur vermeiden. Der Gottes Schöpfung innewohnende Heilige Geist verleiht der Welt eine Qualität, aber der Heilige

Geist ist weder mit biologischem Leben identisch, noch kann er – wie es zuweilen in der Philosophie des 19. Jahrhunderts geschah – mit dem menschlichen Bewußtsein identifiziert werden.

Auch abgesehen von der Verunreinigung und Ausbeutung der Natur durch den Menschen ist die Schöpfung der Vergänglichkeit und dem Verfall unterworfen (Röm 8,21).

206. Der Geist schenkt auch das *neue Leben in Christus:* Menschen werden neu geboren als Erstlingsfrüchte der neuen Schöpfung, und mit der übrigen Schöpfung harren sie in Hoffnung (Röm 8,11.19-20) der Teilhabe am neuen Himmel und an der neuen Erde. Durch den Geist werden in der Taufe neue Kinder des Vaters geboren – in dem einen Sohn, dessen eigenes Menschsein bereits mit dem Leben des Geistes erfüllt ist. Auf diese Weise ist der Geist in der Taufe die Quelle der geist-belebten Kirche, des lebendigen Leibes Christi.

207. In Schöpfung, Erlösung und Heiligung, durch seinen Sohn und seinen Geist wirkend, erfüllt Gott alle Dinge und öffnet allen sein göttliches Leben. Indem sie „teilhaftig werden der göttlichen Natur" (2 Petr 1,3-4), treten die Gläubigen in die *Gemeinschaft mit dem dreieinigen Gott* ein. Diejenigen, die durch die Kraft des Heiligen Geistes „getreu bis in den Tod" bleiben, werden „die Krone des Lebens" empfangen (Offb 2,10).

208. Durch die Verkündigung des Evangeliums und die Feier der Sakramente schafft und erhält der Heilige Geist den Glauben des Volkes Gottes. Der Heilige Geist gießt eine Fülle von *Charismen* aus. Diese sind bestimmt zur Auferbauung der Kirche und zum Dienst in der Welt, durch Lehren, Weissagen, Heilen, Wunder, Zungenreden und Unterscheiden der Geister (1 Kor 12,4-11.27-30). Da alle diese Gaben einzelnen zum gemeinsamen Wohl gegeben werden (1 Kor 12,7), dienen sie, wenn sie recht gebraucht werden, zur Stärkung der Einheit des einen Leibes, zu der wir in der einen Taufe berufen worden sind (Eph 4,4-5).

Kommentar:

Es besteht weitgehende Übereinstimmung darin, daß die Gabe des Geistes nicht vom Glauben und von der Taufe getrennt werden kann. In einigen Kirchen wird jedoch die Gabe des Charismas in besonderer Weise mit dem Sakrament der Chrismation verbunden. Andere Kirchen, Gruppen und Bewegungen verstehen die Gabe des Geistes als ein eigenständiges und besonderes Wirken der Gnade. Daher suchen sie nach Zeichen dieser Gabe in besonderen Charismen wie Zungenreden oder Heilung, wo der Geist den von Gott empfangenen Segen „vervollkommnet". Auch wenn die Kirchen in ihrem Verständnis der Beziehung der Gaben des Geistes zur Taufe noch nicht einig sind, glauben doch alle, daß die Gaben des Geistes nicht zum Anlaß für Uneinigkeit zwischen den Kirchen werden dürfen, sondern zum gemeinsamen Wohl der Kirche geschenkt werden.

209. Der Heilige Geist „geht aus dem Vater hervor". Es ist dies der Vater, aus dem der Sohn gezeugt ist. Das Bekenntnis zum Hervorgehen des Geistes vom Vater schließt ein tiefes Verständnis der Beziehung zwischen dem Vater, dem Sohn und dem Heiligen Geist ein. Der Geist ist beim Hervorhauchen und als hervorgehaucht immer in Beziehung zum Sohn. Darum ist die Gemeinschaft und Einheit des Geistes mit Christi Werk in der Heilsökonomie unauflösbar.

210. Trotz der Kontroverse, hervorgerufen durch die Einführung des Begriffs *filioque* durch Christen im Westen, um die soeben genannte Beziehung zum Ausdruck zu bringen, wollten beide, westliche und östliche Christen, der Aussage des Bekenntnisses von Nizäa-Konstantinopel treu bleiben, daß der Geist vom Vater ausgeht. Heute stimmen beide darin überein, daß die enge Beziehung zwischen dem Sohn und dem Geist bekräftigt werden muß, ohne dabei den Eindruck zu erwecken, daß der Geist dem Sohn untergeordnet sei. Diesem Verständnis können alle Christen zustimmen, und dies erlaubt einer wachsenden Zahl von westlichen Kirchen, die Verwendung des Credo in seiner ursprünglichen Form zu erwägen.

Kommentar:

Christen der westlichen Tradition haben den Begriff „filioque" benutzt, den sie als Ergebnis eines komplizierten historischen Prozesses in den ursprünglichen Text des Glaubensbekenntnisses eingefügt haben, weil sie darauf bestanden, daß das Hervorgehen des Geistes nicht ohne eine Beziehung zum Sohn verstanden werden sollte. Christen der östlichen Tradition haben die meisten Interpretationen des „filioque" für unannehmbar gehalten und daher betont, daß der Geist allein aus dem Vater hervorgeht. Somit sind östliche und westliche Christen dazu gelangt, den einen Glauben, den sie gemeinsam haben, und sogar ihr Verständnis des einen, ursprünglichen Credo, das ihnen gemeinsam ist, auf unterschiedliche Weise zum Ausdruck zu bringen. Auf der Grundlage dieses einen Glaubens suchen sie heute Wege für die gegenseitige Erläuterung dieser unterschiedlichen Verstehensweisen, die ihrem ursprünglichen gemeinsamen Bekenntnis treu sind. Dieser Prozeß des Erläuterns und voneinander Lernens wird Zeit brauchen, aber er hat begonnen (vgl. Geist Gottes – Geist Christi. Ökumenische Überlegungen zur Filioque-Kontroverse, hrsg. von Lukas Vischer, Beiheft zur Ökumenischen Rundschau Nr. 39, Frankfurt/M. 1981). Indem sie, durch die lebenspendende Kraft des Geistes, auf diesem Weg gegenseitiger Verständigung weiterschreiten, bekennen sie immer häufiger das Credo in der ursprünglichen Form.

211. Der Heilige Geist Gottes wird „mit dem Vater und dem Sohn angebetet und verherrlicht". Dies zeigen die Taufbekenntnisse, Doxologien, liturgischen Grußformeln und eucharistischen Gebete. Zusammen mit den durch Christus vorgebrachten Fürbitten für die Kinder des Vaters ist die Verherrlichung und der Lob-

preis des dreieinigen Gottes der grundlegendste Aspekt christlichen Gebets – eines vom Heiligen Geist beseelten Gebets. *Spiritualität* ist nur dann voll und ganz christlich, wenn sie trinitarisch ist. Von daher beten Christen in ihrem täglichen Leben und besonders in ihrem Gottesdienst, daß der Vater seinen Geist sende, damit sie dem Leben Christi, des Sohnes, in vollkommenerer Weise gleich werden mögen (vgl. Röm 8,29).

212. Gleichzeitig lehnen Christen alle Behauptungen über das Wirken des Heiligen Geistes im Leben von einzelnen Menschen oder Gemeinschaften ab, wonach der Geist unabhängig vom Vater oder vom Sohn handeln würde. Alle Kirchen sind überzeugt, daß der Heilige Geist zusammen mit dem Vater und dem Sohn wirksam ist in der Offenbarung von Gottes Plan und in seinem Heilshandeln. Und da sie auch glauben, daß der Heilige Geist das Lebenszentrum eines jeden Christen ist, so preisen sie jedesmal, wenn sie Gott preisen und verherrlichen, den Heiligen Geist mit dem Vater und dem Sohn. Darüber hinaus sind einige Kirchen, die kein großes Gewicht auf eine *trinitarische Spiritualität* oder das Gebet um die Gabe und das Wirken des Heiligen Geistes (epiklesis) gelegt haben, heute dabei, diese Dimension christlichen Lebens und Gottesdienstes wiederzuentdecken. Es ist eine christliche Sitte, Gottesdienste im Namen und mit dem Segen des Vaters, des Sohnes und des Heiligen Geistes zu beginnen und zu beenden. Christen verherrlichen somit den dreieinigen Gott durch Gebet, gemeinsamen Gottesdienst und den täglichen Dienst – ihr Opfer, das Gott wohlgefällig ist (vgl. Röm 12,1f).

Der Geist und die Propheten

213. Der Heilige Geist hat „durch die Propheten gesprochen". Mit dieser Aussage besteht die Kirche, die in Kontinuität mit dem Volk Gottes des Alten Bundes steht und gleichzeitig wahrlich das Volk Gottes des Neuen Bundes ist, darauf, daß Gottes Geist derselbe ist, der die Propheten Israels inspirierte wie auch die kanonischen hebräischen Schriften. Die Juden haben weiterhin durch die Jahrhunderte hindurch auf der Grundlage ihrer Tradition auf Gottes Geist gehört und geantwortet, der durch diese Schriften spricht. In gleicher Weise wurden Christen weiterhin vom Geist durch die Propheten unterwiesen, wie dies im Lichte der Offenbarung Christi verstanden wird (Joh 5,39). Darin liegt die Hoffnung beschlossen, daß der Geist Gottes durch seine fortdauernde Wirksamkeit beide Gemeinschaften näher zusammenführen wird (Röm 11,29-32).

Kommentar:

*Das Bekenntnis, daß der Heilige Geist „durch die Propheten gesprochen hat",
widerspricht jeder Auffassung unter Christen in der Vergangenheit oder heute, die
leugnen würde, daß der Gott der Propheten derselbe Gott ist wie der Vater Jesu
Christi. In unserer Zeit sind viele Christen dazu bewegt worden, die traditionelle
Einstellung der Kirche zu Menschen jüdischen Glaubens neu zu bedenken. Es wird*

anerkannt, daß die hebräischen Propheten ein eschatologisches Kommen des Messias ankündigten, der vor allem das Gesicht der Erde erneuern würde. Angesichts der Erfüllung dieser Verkündigung wird Jesus von den Christen als der Messias verstanden. Christen und Juden könnten einander näherkommen durch ein Studium ihrer jeweiligen eschatologischen Erwartungen des endgültigen Reiches Gottes und durch das Bemühen um einen gemeinsamen Dienst an der Menschheit in dieser Perspektive.

214. Christen glauben, daß Jesus die Erfüllung der alttestamentlichen Prophetie und er selbst Gottes gesalbter Prophet ist, auf dem der Heilige Geist in endgültiger Weise ruhte. Durch die Sendung des Geistes, ausgesandt durch den auferstandenen Herrn vom Vater, wurde die Gabe der Prophetie der Kirche vermittelt. Alles, was vom Heiligen Geist inspiriert wird, ist gebunden an das, was Gott der Vater in seinem vom Geist erfüllten Christus getan hat.

215. Die Aussage des Glaubensbekenntnisses, daß der Geist durch die Propheten gesprochen hat, widerspricht nicht der christlichen Überzeugung und Erfahrung, daß die *Gaben der Prophetie* auch heute noch verliehen werden. Diese Gaben kommen auf vielfältige Weise zum Ausdruck — bei denen, die ein bestimmtes Wort Gottes in einer Situation der Unterdrückung und Ungerechtigkeit verkündigen, oder bei denen, die die Kirche in ihrem Gottesdienst auferbauen, und bei denen, die in einigen Kirchen in Formen charismatischer Erneuerung beteiligt sind. Das Leiden prophetischer Zeugen wird immer zum Leben der Kirche und ihrem Dienst an der Welt gehören. „Das Blut der Märtyrer ist die Saat der Kirche." Andererseits sind nicht alle, die prophetische Gaben für sich in Anspruch nehmen, notwendigerweise vom Heiligen Geist inspiriert. Die Gabe der Unterscheidung der Geister muß weiterhin von den Gläubigen geübt werden, da „die Geister der Propheten den Propheten untertan sind" (1 Kor 14,32; vgl. auch 14,22). Das Bekenntnis zu Jesus Christus als Herrn dient nach dem Apostel Paulus als das entscheidende Kriterium zur Unterscheidung des Geistes Gottes von anderen prophetischen Geistern (1 Kor 12,3). In der Geschichte der Kirche sind zusätzliche Kriterien, hergeleitet vom biblischen Zeugnis und der Tradition und dem Bekenntnis der Kirche, herangezogen worden je nach den Erfordernissen spezifischer Situationen und Herausforderungen (vgl. zum Beispiel 1 Joh 4,2f).

B. Die eine, heilige, katholische und apostolische Kirche

216. Christen glauben und bekennen mit dem Nizänum, daß eine unauflösbare Verbindung zwischen dem Wirken Gottes in Jesus Christus durch den Heiligen Geist und der *Wirklichkeit* der Kirche besteht. Das wird durch die Heilige Schrift bezeugt. Der Ursprung der Kirche ist in dem Plan des dreieinigen Gottes für die Erlösung der Menschheit verwurzelt. Das Neue Testament verbindet das Ereignis ihrer Manifestierung mit Pfingsten. Die Kirche hat ihren Grund im Wirken Christi selbst, der das Reich Gottes in Wort und Tat verkündigte, Männer und Frauen berief und sie

aussandte, um in der Kraft des Heiligen Geistes (Joh 20,19-23) dieselbe Botschaft zu verkündigen.

Kommentar:

Das Lima-Dokument über „Taufe, Eucharistie und Amt" impliziert eine Ekklesiologie, die nicht explizit im Text selbst entfaltet wurde. Das Studienprogramm von Glauben und Kirchenverfassung „Die Einheit der Kirche und die Erneuerung der menschlichen Gemeinschaft" enthält Überlegungen zu „Die Kirche als Mysterium und prophetisches Zeichen".[1] Im folgenden wird eingehender dargelegt, was wir, gemäß dem Glaubensbekenntnis, unter „der Kirche" verstehen.

217. Die im Nizänum deutliche Hervorhebung der Kirche als Ort des Heilshandelns des Heiligen Geistes sieht sich vielen *Herausforderungen* gegenüber, von denen die wichtigsten folgende sind:

— Diejenigen, die Jesus außerhalb der Kirche suchen, leugnen die Relevanz der Kirche für ihr eigenes Heil.

— Von einigen anderen, die zur Kirche gehören, wird die Notwendigkeit, sich an die Regeln ihrer Gemeinschaft zu halten, als irrelevante Belastung empfunden.

— Andere, die die Kirche dennoch akzeptieren, stellen die Ausübung von Autorität in Frage, die ihre Freiheit einengt, und bedauern den Mangel an echter Gemeinschaft und Gegenseitigkeit.

— In vielen Kirchen lehnen einige Formen von charismatischen und anderen Bewegungen wegen ihres Gefühls des unmittelbaren Zugangs zu Gott jede Art von menschlicher Autorität ab; andere dagegen haben blindes Vertrauen in willkürliche menschliche Autorität.

— In den Augen vieler zerstört die Spaltung innerhalb von Kirchen und zwischen Kirchen die Glaubwürdigkeit der Lehre jeder dieser Kirchen.

— Selbst unter engagierten Christen scheint die offenkundige Unfähigkeit der Kirchen, ihre historischen Trennungen zu überwinden, zu beweisen, daß entweder die Leitung der Kirchen sich nicht wirklich der von Christus gewollten Einheit unter seinen Jüngern verpflichtet weiß oder daß sein Gebot selbst ein nicht zu verwirklichender Traum ist.

---

[1] Vgl. Kirche und Welt: Die Einheit der Kirche und die Erneuerung der menschlichen Gemeinschaft. Studiendokument der Kommission für Glauben und Kirchenverfassung, Frankfurt/M. 1991.

– Nach dem Urteil der Welt wird der Anspruch der Kirche durch die mageren Früchte der Heiligung, die bei Christen festzustellen sind, und das Scheitern des Christentums, in den 2000 Jahren seiner Geschichte die Verhältnisse in der Welt tiefgreifend zu verändern, diskreditiert.

I. DAS BEKENNTNIS UND SEIN BIBLISCHES ZEUGNIS

a) Der Text des Bekenntnisses

218. „Wir glauben an die eine, heilige,
katholische und apostolische Kirche."
(AG: „Ich glaube an . . .
die heilige christliche Kirche,
Gemeinschaft der Heiligen.")

Kommentar:

Zum Wort „an" vgl. Absatz 5 und Kommentar.

219. Die Abfolge im dritten Artikel des Bekenntnisses schreitet vom Glauben an den Heiligen Geist hin zum Glauben an die Kirche. Dies deutet hin auf die enge Beziehung der Wirklichkeit der Kirche zum Wirken des Heiligen Geistes. Dadurch wird verhindert, daß die Kirche als ein isoliertes Objekt des Glaubens erscheint.

220. Das Glaubensbekenntnis bestimmt die Kirche als eine, heilige, katholische und apostolische. Dies ist die umfassendste Form des Bekennens der Kirche in der Geschichte der frühchristlichen Bekenntnisse. Es beginnt mit dem Einssein, das angesichts der Spaltungen des vierten Jahrhunderts von besonderer Relevanz war. Die Heiligkeit der Kirche bezieht sich auf die grundlegende Tatsache, daß die Kirche dem allein Heiligen gehört und zur Treue aufgerufen ist. Ihre Katholizität bedeutet, daß sie die Gabe Gottes für alle Menschen ist, unabhängig von deren nationaler, rassischer, sozialer oder sprachlicher Zugehörigkeit, d.h. für die ganze „oikoumene", wie diese zur Zeit des Konzils von Konstantinopel verstanden wurde. Die Apostolizität der Kirche bringt deren Verpflichtung und Engagement gegenüber der Norm des apostolischen Evangeliums von Gottes Handeln in Kreuz und Auferstehung Jesu Christi zum Ausdruck.

b) Biblisches Zeugnis

221. Das Neue Testament gebraucht verschiedene Bilder, wenn es von der Kirche spricht (Weinstock, Tempel, Bau, Braut, das neue Jerusalem, das Volk Gottes). Jedes hat seine eigene Bedeutung. Besondere Aufmerksamkeit hat man jedoch der Kirche als *Leib Christi* geschenkt. Hier geht es um mehr als ein Bild, weil dieser Begriff hinweist auf die grundlegende Realität der Teilhabe am Leib Christi in der

Eucharistie als konstitutiv, durch den Heiligen Geist, für die Gemeinschaft (Koinonia) unter denen, die am Herrenmahl teilnehmen (1 Kor 10,16-17 und 11,23-30). Wo immer in den paulinischen Schriften der Ausdruck Leib Christi vorkommt (Röm 12,4-5; 1 Kor 12,12-27; Eph 1,22-23), geht es um diese tiefe Verbindung. Er unterstreicht die enge organische Beziehung zwischen dem auferstandenen Herrn und all denen, die das neue Leben durch Gemeinschaft in ihm empfangen.

222. Die Kirche ist auf dem Grund der Apostel und Propheten erbaut worden, wobei Jesus Christus selbst der Eckstein ist (Eph 2,20). Sie hat ihren Ursprung in Christi Verkündigung des Reiches Gottes und in der Geschichte seiner Kreuzigung und Auferstehung. Sie wurde manifest in den Mahlfeiern Jesu, insbesondere in seinem letzten Abendmahl (Lk 22,7-20). Nach der Apostelgeschichte empfing die Kirche an Pfingsten den Heiligen Geist für ihr Leben und ihren Auftrag (Apg 2,1-13). Sie verbreitet die frohe Botschaft von Gottes Heilshandeln in Jesus Christus, um die Welt mit sich selbst zu versöhnen (2 Kor 5,18-19).

223. Im Neuen Testament wird die alttestamentliche Vorstellung von der Erwählung Israels zu „einem auserwählten Geschlecht, einem königlichen Priestertum, einem heiligen Volk, dem Volk des Eigentums" aufgenommen (1 Petr 2,9; vgl. Ex 19,6 Septuaginta) und in Weiterführung auf die Kirche angewandt. So wird die „ecclesia" des Neuen Bundes mit ihrem Vorläufer und Vorbild, dem „qahal" des Alten Bundes, verbunden. Die Kirche ist dazu aufgerufen, „die Wohltaten dessen zu verkünden, der euch berufen hat von der Finsternis zu seinem wunderbaren Licht" (1 Petr 2,9). Nach Paulus wird die Erwählung Israels durch die Erwählung der Kirche Gottes in Jesus Christus nicht aufgehoben, obgleich erst im Eschaton das ganze Israel, dessen Rest zum Kern der Kirche Christi wurde, mit der Kirche in dem einen Volk Gottes wiedervereinigt werden wird (Röm 11,1-36).

II. AUSLEGUNG FÜR HEUTE

Die Kirche und die trinitarische Gemeinschaft

224. Die Kirche ist die *Gemeinschaft* (communio) derjenigen, die in Gemeinschaft mit Christus sind und durch ihn untereinander. Jedes ihrer Glieder kommt in diese Gemeinschaft hinein durch den Glauben an Christus und die eine Taufe zur Vergebung der Sünden. Sie ist eine Gemeinschaft derjenigen, die durch die Kraft des Geistes an einem vom Wort Gottes und der Eucharistie gestärkten Leben beständig festhalten wollen. Sie haben sich zum Zeugnis und Dienst des Evangeliums in einer Gemeinschaft der Liebe durch den Geist Jesu Christi verpflichtet. Da die Kirche in ihrer historischen und menschlichen Wirklichkeit ständig versagt, ihrer göttlichen Berufung zu entsprechen, wird sie ständig neu von Gott zu einer Erneuerung ihres Lebens und ihrer Sendung aufgerufen und bevollmächtigt.

225. Leben und Einheit der Kirche sind gegründet in der Gemeinschaft der Trinität. Der Vater wollte sie als das Volk seines Eigentums; der Sohn erlöst und stellt sie dar als seinen lebendigen Leib; der Geist führt sie zusammen zu einer einzigartigen Gemeinschaft. So ist die Kirche „das Volk, geeint durch die Einheit des Vaters und des Sohnes und des Heiligen Geistes" (Cyprian, De Orat. Dom. 23).

226. Diese Gemeinschaft kommt überall dort umfassend zum Ausdruck, wo Menschen durch Wort und Sakrament im Gehorsam gegenüber dem apostolischen Glauben versammelt sind – d.h. in einer Ortskirche. Alle Ortskirchen und ihre Glieder sollten sich der Einheit im selben Glauben und Leben erfreuen, die die trinitarische Gemeinschaft des Vaters, Sohnes und Heiligen Geistes widerspiegelt. Jede Ortskirche ist im wahren Sinne die Kirche Gottes, wenn alles, was sie verkündigt, feiert und tut, in Gemeinschaft geschieht mit all dem, was die Kirchen in Gemeinschaft mit den Aposteln verkündigten, feierten und taten, und mit all dem, was die Kirchen jetzt und hier verkündigen, feiern und tun in Gemeinschaft mit den Aposteln und unter dem apostolischen Evangelium. In dieser Weise besteht die universale Kirche in der Gemeinschaft (communio) der Ortskirchen. Solange jedoch kirchliche Trennungen bestehen, bleibt die Präsenz der einen Kirche Christi in jeder von ihnen beeinträchtigt.

Kommentar:

Christen haben zuweilen Schwierigkeiten, ihre jeweiligen Aussagen über die Kirche gegenseitig anzunehmen, weil sie den Begriff „Kirche" unterschiedlich verstehen und gebrauchen.

In der östlichen christlichen Tradition wird die Kirche vorherrschend im Sinne des göttlichen Mysteriums des Kirche-Seins gesehen, so daß die Vollkommenheit der Kirche, die nur dem Glauben erkennbar ist, die Perspektive bestimmt und es praktisch sinnlos macht, von einer sündhaften, unvollkommenen, der Veränderung bedürftigen Kirche zu sprechen.

In den westlichen Kirchen ist es üblicher, Aussagen des Glaubens und historische Wirklichkeit – die Kirche als göttliches Geheimnis und die Kirche als eine zerbrechliche menschliche Gemeinschaft – in einer dialektischen Sprache von göttlich und menschlich miteinander zu verbinden und auf diese Weise die Spannung zwischen Glauben und historischer Wirklichkeit in einer einheitlichen Begrifflichkeit zum Ausdruck zu bringen.

Diese Verschiedenheit schließt sicherlich weniger an inhaltlicher theologischer Differenz ein, als dies unmittelbar erscheinen mag. Die Frage bleibt jedoch, ob sie auf einen weitreichenden Unterschied in der Grundorientierung ekklesiologischer Anschauung hinweist.

Die Kirche, der Leib Christi

227. Wenn das Neue Testament von der Kirche als dem Leib Christi spricht, unterstreicht es die grundlegende Bedeutung seiner Inkarnation, Passion und Auferstehung (seiner Körperlichkeit) für das Heil der Welt. Dies erinnert an die konstitutive Rolle der Sakramente für die Christen: an die Taufe, die Menschen in den Leib Christi eingliedert (1 Kor 12,13), und an das Abendmahl, das das Leben der Glaubenden im Leib Christi ständig erneuert (1 Kor 10,16). Die wahrhafte Frucht des Heils, die zwischen Gott und Menschheit, zwischen Menschen und der Welt der Schöpfung erneuerte und wiederhergestellte *Gemeinschaft* (communio), wird verwirklicht und erhält Gestalt durch das heilige Mysterium des Leibes Christi.

228. Die Kirche ist Christi lebendiger Leib. Sie besteht in örtlichen Gemeinden und in weltweiter Gemeinschaft miteinander. Sie ist partikular in ihrer Unterschiedenheit von der Welt und inklusiv in ihrer Sendung zur Welt. Sie ist dazu berufen, dem Herrn durch die *Mannigfaltigkeit* ihrer Glieder zu dienen. Das königliche Priestertum aller Gläubigen und die verschiedenen ordinierten Ämter dienen miteinander Gott im Leib Christi durch den Heiligen Geist. Die Kirche manifestiert somit die wirksame Gegenwart der Trinität in der Welt.

229. Die Kirche ist die Gemeinschaft derer, die Christus an seinem Tisch empfängt und die dem dreieinigen Gott in Gottesdienst und Dienst Dank sagen. Sie empfängt das Wort Gottes und feiert die Sakramente, besonders die Eucharistie (das Abendmahl), die von Jesus Christus selbst eingesetzt wurde. Sie ist dazu berufen, Gott für seine ganze Schöpfung zu preisen und für sich und für die Welt Gottesdienst zu feiern und zu beten. Sie berufen, allen Menschen im Namen Jesu zu dienen (vgl. Mt 25,31ff).

230. So wie Christus vom Vater *für* und *an* die Menschheit gegeben wird, so wird die Kirche als Leib Christi in die Welt gesandt. Die Gabe, für die die Kirche ständig Dank sagt, verbindet die Vision der Herrschaft Gottes über die ganze Schöpfung mit der Einzigartigkeit von Christi Fleischwerdung, Tod, Auferstehung und Himmelfahrt. Gleichzeitig ermöglicht sie es den Christen, die Wechselbeziehung und Einheit von „leiturgia" und „diakonia" zu verstehen. Die Gemeinschaft ist kontemplativ und aktiv, sie dient Gott und den Menschen und wird so bleiben bis ans Ende der Zeit, wenn sie in das allumfassende und allerneuernde Reich Gottes aufgenommen werden wird.

Die Kirche, die Gemeinschaft der Heiligen im Geist

231. Wenngleich der Ausdruck „Gemeinschaft der Heiligen" nicht im Nizänum vorkommt, ist er doch mit dem Glauben an die Kirche verbunden und wird auch im Apostolischen Glaubensbekenntnis besonders erwähnt. Diese Gemeinschaft vereint die Glaubenden aller Zeiten und aller Orte in einer Gemeinschaft des Gebets, des Lobpreises und der gemeinsamen Teilhabe an Leiden und Freuden. Die Kirche

ist eine solche Gemeinschaft, weil alle, die an Christus glauben, in einer wahren Gemeinschaft mit dem Vater und seinem Sohn Jesus Christus stehen und durch die Teilhabe an derselben göttlichen Gabe im Heiligen Geist untereinander geeint sind (1 Joh 1,3).

Es ist die Gemeinschaft der Heiligen, weil alle in Christus, der der Heilige ist, getauft sind, wenngleich Christen der Buße und täglichen Vergebung bedürfen. Es ist der Heilige Geist der Gottes heilige Gemeinschaft durch Wort und sakramentales Leben für Dienst, Danksagung und Lobpreis erneuert und stärkt.

232. Alle Zeiten, auch die unsrige, tragen zur Wolke der *Zeugen* und Märtyrer bei, die in ihren Leiden „erstatten, was an den Leiden Christi noch fehlt, für seinen Leib, das ist die Gemeinde" (Kol 1,24). Ihr Leiden mit und für Jesus verpflichtet die Kirche in ihrer Gesamtheit zur Teilhabe mit ihnen in Solidarität und Fürbitte (2 Tim 2,11-13).

233. Die Kirche ist die *Präfiguration des Gottesreiches,* das sie erwartet und ankündigt. Das Evangelium, das sie verkündigt, und das Zeugnis, das sie ablegt, laden alle Menschen dazu ein, die frohe Botschaft des Reiches Gottes anzunehmen. Da sie auf das kommende Gottesreich, das sie in Wort und Tat verkündigt und das sie bereits erfährt, ausgerichtet ist, darf sie nicht den in ihren Gliedern immer wirksamen Realitäten der Welt untergeordnet sein. Sie wartet auf die herrliche Wiederkehr Christi, ihres Herrn – eine Erwartung, die sie am lebendigsten in ihrer Liturgie zum Ausdruck bringt. Wenn immer zwei oder drei Jünger Christi versammelt sind, ist der Herr selbst in ihrer Mitte gegenwärtig und nimmt das Reich Gottes vorweg (vgl. Mt 18,20).

Die Kirche, das Volk Gottes

234. In der Heiligen Schrift wird die Kirche das Volk Gottes genannt. Dies bedeutet, daß die Kirche *in Kontinuität* mit dem alttestamentlichen Volk Gottes lebt und die ihm gegebenen Verheißungen ererbt. Als Volk Gottes lebt die Kirche jedoch auch *in einer gewissen Diskontinuität* mit dem alttestamentlichen Volk Gottes (vgl. Abs. 223). Dies zeigt, daß Gottes Heilsplan bei der Erwählung eines Volkes eine fortdauernde Geschichte hat. Daher ist die Kirche selbst ein wanderndes Volk, das vom dreieinigen Gott in die verheißene Zukunft geführt wird (in früheren Zeiten wurde dies mit den Begriffen „ecclesia militans" und „ecclesia triumphans" bezeichnet).

235. Die Kirche als Volk Gottes ist eine Gemeinschaft von Frauen und Männern aller Altersstufen, Rassen, Kulturen und sozialen und wirtschaftlichen Verhältnisse, die von Gott durch den Glauben und die Taufe zu Gliedern eines Leibes gemacht werden. Diejenigen, die zum Volk Gottes gehören, sind allein Gott bekannt. Deshalb werden die Grenzen der Kirche erst am Jüngsten Tag offenbart werden, wenn alles Verborgene sichtbar wird.

236. Das Volk Gottes, die Kirche, gehört zum Mysterium des göttlichen Heilsplans, der in Jesus Christus offenbart worden ist. Daher kann die Kirche, wenn sie die Gegenwart Christi feiert, in gewissem Sinne in den Begriff „Mysterium" mit einbezogen werden. Gleichzeitig ist die Kirche ein prophetisches Zeichen, weil die Ausführung des göttlichen Heilsplans noch nicht seine endgültige Vollendung gefunden hat. Als prophetisches Zeichen ist sie das Mittel, durch das Gott in der Welt wirkend und verwandelnd gegenwärtig ist.[1] Indem sie das Wort Gottes verkündigt und die Sakramente feiert, existiert sie nicht nur für sich selbst, sondern auch für die Welt, die Gott will. Sie ist keine Burg, in der sich Menschen für ein Leben in Sicherheit abschließen können, sondern ein über die ganze Welt verstreutes dienendes Volk, das in seiner missionarischen Sendung beauftragt ist, die gute Saat des Wortes auszusäen und Christi Liebe allen Menschen zu bringen.

237. Die Kirche als das Volk Gottes freut sich über alle Zeichen der Fürsorge des Schöpfers, denen sie in der Welt begegnet, über alle Wahrheit, alle Schönheit und Güte. Sie ist auch dazu aufgerufen, die Gebrochenheit der Welt und die Sündhaftigkeit der Menschheit einschließlich ihrer eigenen zu erkennen. Sie sagt Gott Dank für seine Güte, tritt fürbittend für die gebrochene Welt ein und tut Buße für ihre eigene Untreue. Sie vertraut auf Gott, der Vergebung gewährt und alle Dinge in einer neuen Schöpfung wiederherstellen wird. So existiert die Kirche in einer fortwährend durch Sünde und Mächte des Bösen entstellten Welt als ein Zeichen für Gottes liebenden Plan für diese Welt, auch wenn sie ihrem Auftrag nur wenig gerecht wird.

Eine, heilige, katholische und apostolische Kirche

238. Wie es nur einen Herrn und einen Geist gibt, so gibt es nur *eine Kirche,* einen Glauben und eine Taufe. Alle Getauften sind in einen Leib eingegliedert, der dazu berufen ist, Zeugnis abzulegen von seinem einen und einzigen Erlöser. Christen sind berufen, die Einheit, die sie in Christus haben, durch ihr Einssein im apostolischen Glauben und sakramentalen Leben zu manifestieren. Indem sie das eine Evangelium bezeugt, die eine Taufe, den einen Glauben, wie er seinen Ausdruck findet in den Bekenntnissen der Alten Kirche, das Teilhaben an dem einen Auftrag zusammen mit der Gemeinschaft in dem einen Amt und im gemeinsamen Gebet, weist die Heilige Schrift auf diese sichtbare Einheit hin, die allein in der einen eucharistischen Gemeinschaft voll aktualisiert werden kann. Diese Einheit impliziert nicht Uniformität, sondern ein organisches Band der Einheit zwischen allen Ortskirchen, die den Reichtum ihrer Verschiedenheiten umfaßt.

239. Der Heilige Geist wohnt in der *heiligen Kirche.* Diese Kirche hat von Gott, der heilig ist und der sie durch Wort und Sakramente heiligt, eine aussondernde

---

[1] Vgl. Church – Kingdom – World. The Church as Mystery and Prophetic Sign, ed. G. Limouris, Geneva 1986; und das Studiendokument: Kirche und Welt. Die Einheit der Kirche und die Erneuerung der menschlichen Gemeinschaft, Frankfurt/M. 1991, bes. Kap. 2 und 3.

Berufung empfangen. Die Heiligkeit der Kirche zeigt die Treue Gottes gegenüber seinem Volk an: Die Pforten der Hölle werden sie nicht bezwingen. Selbst in den dunkelsten Zeiten der Geschichte der Kirche rechtfertigt und heiligt Christus weiterhin diejenigen, die treu bleiben, so daß die Kirche selbst zu solchen Zeiten fähig ist, ihren Dienst für die Erlösung der Menschheit zu leisten. Sie ist auch heilig aufgrund der heiligen Worte, die sie verkündigt und der heiligen Handlungen, die sie vollzieht. Obwohl sie eine Gemeinschaft von Sündern ist, die darum weiß, daß Gottes Gericht bei ihnen beginnt (1 Petr 4,17), ist sie doch heilig, weil sie vom Wissen darum getragen wird, daß sie Vergebung erfahren haben und ständig weiter erfahren. Trotz der Sünde in der Kirche wird sie, wenn sie die Eucharistie feiert und auf das Wort Gottes hört, von dem, der heilig ist, ergriffen und gereinigt.

240. Christus, voller Gnade und Wahrheit, ist bereits auf Erden in der *katholischen Kirche* gegenwärtig. In jeder Ortskirche findet sich die Fülle der Gnade und Wahrheit in einer Katholizität, die die Gemeinschaft aller Ortskirchen erfordert und die Identität jeder Ortskirche ausmacht und eine wesentliche Qualität ihrer Gemeinschaft miteinander darstellt. Dieses katholische Wesen der Kirche wird in einer großen Vielfalt des christlichen geistlichen Lebens und Zeugnisses unter allen Völkern in Zeit und Raum verwirklicht und zum Ausdruck gebracht. Die Katholizität transzendiert nationale Ausprägungen, spezifische Traditionen und alle menschlichen Schranken. Es ist eine Fülle des Lebens. Im Leben der Kirche werden der ganze Mensch und alle menschlichen Lebenssituationen in den Gottesdienst und den Dienst Gottes in der Vielfalt der Riten und Traditionen einbezogen. Im Gottesdienst jeder Ortskirche ist das ganze Geheimnis Christi gegenwärtig. Wo Jesus Christus ist, da ist auch die katholische Kirche, in der der Heilige Geist zu allen Zeiten Menschen ohne Ansehen des Geschlechts, der Rasse oder Stellung zu Teilhabern an Christi Leben und Erlösung macht.

241. Die Kirche ist *apostolisch,* weil alles, was sie über Christus bekennt, von den Aposteln als Zeugen herkommt, deren Zeugnis von Leben, Tod und Auferstehung Jesu Christi durch die Heilige Schrift überliefert worden ist. In dieser Kontinuität erkennt und lebt die Kirche ihre grundlegende Identität mit der Kirche der Apostel Christi, auf der sie ein für allemal aufgebaut ist.

Die *Apostolizität* der Kirche manifestiert sich in ihrer Treue gegenüber dem Wort Gottes, gelebt und bezeugt in der apostolischen Tradition, geleitet durch den Heiligen Geist durch die Jahrhunderte hindurch und zum Ausdruck gebracht im ökumenischen Glaubensbekenntnis. Sie manifestiert sich in ihrer Feier der Sakramente, durch die Kontinuität ihres Amtes im Dienst Christi und seiner Kirche in Gemeinschaft mit den Aposteln und durch das engagierte christliche Leben aller ihrer Glieder und Gemeinschaften.

Die Kirche ist *apostolisch,* indem sie dem Beispiel der Apostel folgt und deren Sendungsauftrag weiterführt, das Evangelium zu verkündigen, der durch das Wirken und die Gabe des Heiligen Geistes bestätigt wird. Sie bezeugt die Versöhnung der Menschheit mit Gott in Jesus Christus und steht in deren Dienst. Im Gehorsam gegenüber dem Auftrag Jesu Christi verkündigt die Kirche die göttliche Erlösung der Welt. Damit kündigt sie zugleich das göttliche Gericht über die Sünde an, wie es offenbar wird in dem Kreuz, das mitten in eine feindselige Welt hineingestellt ist, deren Mächte immer noch bedrohlich sind, auch wenn sie durch den Sieg Christi gebrochen worden sind. Dieser Sieg ruft die Kirche auf zu einer Antwort der bewußten Selbstentäußerung und der Loslösung von jedem überhöhten Status, so daß sie motiviert durch die aufopfernde Liebe Dienerin der Sendung Christi in der Welt bleibt, bis er wiederkehrt in Herrlichkeit.

So kann die Kirche ihren Sendungsauftrag gegenüber der Welt nur erfüllen, solange sie selbst als die eine, heilige, katholische und apostolische Kirche ständig erneuert wird.

Kommentar:

Die verschiedenen christlichen Traditionen unterscheiden sich in ihrem Verständnis der apostolischen Sukzession. *Einige betonen Sukzession in der apostolischen Lehre. Andere verbinden dies mit der Anerkennung einer geordneten Weitergabe des Amtes von Wort und Sakrament. Wiederum andere verstehen apostolische Sukzession primär als die ununterbrochene Sukzession von bischöflichen Ordinationen. In ökumenischen Gesprächen gibt es eine wachsende Übereinstimmung darin, daß die Apostolizität oder* apostolische Tradition *der Kirche (wie in den obigen Abschnitten angedeutet) umfassender ist als das Konzept der apostolischen Sukzession im Amt, die ein Teil und Zeichen jener* apostolischen Tradition *ist, der sie dient. Die Frage, ob die Sukzession im Bischofsamt die angemessenste Ausdrucksform der apostolischen Sukzession und der Kontinuität in der apostolischen Sendung der Kirche ist, steht jetzt im Mittelpunkt der ökumenischen Diskussion über das Amt.* [1]

C. Eine Taufe zur Vergebung der Sünden

242. Die Kirche ist eine Gemeinschaft (communio) mit Christus selbst, durch den Heiligen Geist und zur Ehre des Vaters. Daher wird das Sakrament der Taufe, durch das Gott die Getauften als Glieder dieser Gemeinschaft aufnimmt, als das Mittel anerkannt, durch das Gott den Gläubigen die Gewißheit ihrer Teilhabe am Geheimnis der Erlösung gibt. Durch das, was mit Jesus Christus in seinem Tod und seiner Auferstehung geschehen ist, und durch die Gabe des Geistes an Pfingsten haben sie Anteil am Bund mit Gott; sie glauben, daß sie am Leben der kommenden Welt voll teilhaben werden.

---

[1] Vgl. zum Beispiel das Lima-Dokument „Taufe, Eucharistie und Amt", Frankfurt/M. und Paderborn [11]1987, die Abschnitte 34-38 im Amtsteil.

243. Dieses Bekenntnis wird dadurch vor eine wesentliche *Herausforderung* gestellt, daß im Gegensatz zu der einen Taufe, die im Glaubensbekenntnis ausgesagt wird, viele Kirchen sich immer noch nicht in der Feier der Taufe zusammenfinden können, auch wenn sie offiziell die Taufe der anderen anerkennen. Darüber hinaus gibt es Kirchen, die die von anderen Kirchen vollzogene Taufe nicht anerkennen, und einige von ihnen folgen einer Praxis, die als Wiedertaufe erscheint, wenn Gläubige zu ihnen übertreten. Wiederum andere stellen die Praxis der Kindertaufe in Frage oder lehnen sie sogar ab. Eine weitere Anfrage ist, ob der Geist Gottes, die Vergebung der Sünden und die Zugehörigkeit zum Volk Gottes nur durch die Taufe gewährt werden können.

Kommentar:

Zu diesem Teil C. vgl. den Taufteil in: Taufe, Eucharistie und Amt, Frankfurt/M. und Paderborn [11]*1987, und Kap. IV.A in: Die Diskussion über Taufe, Eucharistie und Amt 1982-1990, Frankfurt/M. und Paderborn 1990.*

I. DAS BEKENNTNIS UND SEIN BIBLISCHES ZEUGNIS

a) Der Text des Bekenntnisses

244. „Wir bekennen die eine Taufe
zur Vergebung der Sünden."
(AG: „Ich glaube an . . .
Vergebung der Sünden.")

245. Die Verwendung des Begriffs „bekennen" (homologoumen) deutet hier darauf hin, daß die Taufe zum Bekenntnis des Glaubens gehört, aber nicht in derselben Weise wie die drei Personen der Trinität, an die wir „glauben" (pisteuomen eis). Die Kirche bekennt nur eine unwiederholbare Taufe, die untrennbar mit dem Bekenntnis des Glaubens an Gott Vater, Sohn und Heiligen Geist verbunden ist.

246. Die Taufe ist das einzige Sakrament der Kirche, das im Bekenntnis erwähnt wird, und es wird eng mit der Vergebung der Sünden verbunden. Diese Verbindung ist auf dem Hintergrund zu sehen, daß die Taufe in der Alten Kirche als die Gelegenheit angesehen wurde, wo unser sündiges Leben radikal verwandelt wird, so daß wir wiedergeboren werden zu einem neuen Leben, das uns von unserem früheren sündhaften Wesen befreit. Es stimmt natürlich, daß bereits zu einem frühen Zeitpunkt die Kirche die Möglichkeit einer zweiten Umkehr schuf und das ältere Sakrament der Beichte einführte (die zunächst öffentlich war). Daneben entwickelte sich die Institution der Privatbeichte. Später wurde anerkannt, daß die Vergebung der Sünden grundsätzlich ein für allemal in der Taufe empfangen wird und daß die später folgenden Beichten eine Wiederaneignung der Taufe darstellen.

b) Biblisches Zeugnis

247. Jesus selbst ließ Johannes die Bußtaufe zur Vergebung der Sünden an sich vollziehen (Mk 1,4), um „alle Gerechtigkeit zu erfüllen" (Mt 3,15). Jesu Taufe fand als ein Akt der Solidarität mit den Sündern statt. Bei dieser Taufe hörte der Sohn, wie die Stimme des Vaters und des Heiligen Geistes auf ihn herabkam (Mk 1,10 und par.). Sie führte Jesus auf den Weg des leidenden Gottesknechts (vgl. Mk 10,38-40). Dies wurde zum Vorbild für die christliche Taufe (Röm 6,3-6), die erst nach Ostern begann. Das Taufgebot des auferstandenen Christus wurde in der Tradition weitergegeben (Mt 28,19f; Mk 16,16).

Im *Alten Testament* war die Beschneidung das Zeichen des Bundes Gottes mit seinem Volk (in die alle Glieder Israels einbezogen waren) (vgl. Gen 17,11-14). Verweise auf die rettende Erfahrung des Volkes Israel (z.B. Durchzug durch das Rote Meer) werden in einigen Fällen im Neuen Testament in Verbindung mit der Taufe angeführt (z. B. 1 Kor 10,1f), wobei die grundlegende Struktur für das Verständnis der Taufe im Tod und in der Auferstehung Jesu gefunden wird.

248. Im *Neuen Testament* ist es die Taufe, durch die Glaubende zu Gliedern Christi und seiner Kirche gemacht werden. Indem sie in der Taufe mit Christus begraben worden sind, werden sie durch seine Auferstehung auch mit ihm leben (Röm 6,1-11; Kol 2,11-12). Die Taufe in Christus zu bekennen heißt zu bekennen, daß wir durch Christus, der für unsere Sünden gestorben ist, die Gewißheit einer Teilhabe an seiner Auferstehung empfangen (Röm 8,9-11), zusammen mit der Vergebung der Sünden und der Gabe des Heiligen Geistes. Diese Gewißheit enthält die Hoffnung, daß diejenigen, die getauft worden sind und glauben, bei der eschatologischen Erfüllung Bürger des neuen Jerusalems (Offb 21,1-4) und Teilhaber am Leben der kommenden Welt sein werden.

Das Neue Testament entfaltet die Bedeutung der Taufe in verschiedenen Bildern, die den Reichtum dieses Sakraments zum Ausdruck bringen. Die Taufe ist ein Reinwaschen von den Sünden (1 Kor 6,11); ein Neu-geboren-werden (Joh 3,5); eine Erleuchtung durch Christus (Eph 5,14); ein Neu-ankleiden in Christus (Gal 3,27); eine Erneuerung durch den Geist (Titus 3,5); die Erfahrung der Errettung aus der Flut (1 Petr 3,20-21); ein Exodus aus der Knechtschaft (1 Kor 10,1-2) und eine Befreiung zu einer neuen Menschheit, in der Trennungen nach Geschlecht, Rasse oder sozialer Stellung durchbrochen werden (Gal 3,27-28; 1 Kor 12,13).

II. AUSLEGUNG FÜR HEUTE

Eine Taufe

249. Die christlichen Kirchen bekennen „eine Taufe" als eine *Eingliederung in den Leib Christi* — die eine Kirche —, die ein für allemal geschieht. Die Einheit der Taufe, die im Glaubensbekenntnis bezeugt wird, erinnert uns an den „einen" Herrn

Jesus Christus. Die „eine" Taufe, der „eine" Herr und der „eine" Geist (vgl. Eph 4,4-5) ruft die Kirchen dazu auf, den „einen" Glauben gemeinsam zu bekennen und einander trotz ihrer unterschiedlichen Lebensformen als Kirchen anzuerkennen. Durch die Taufe werden alle Gemeindeglieder zu dem einen „königlichen Priestertum" (1 Petr 2,9) aller Gläubigen berufen, um so in der ganzen Kirche und in ihrem Sendungsauftrag in der Welt gemeinsam Verantwortung zu tragen.

250. Die Beziehung zwischen Taufe und Mitgliedschaft in der Kirche muß in verschiedenen Kontexten weiter geklärt werden, vor allem im Lichte der folgenden Gegebenheiten. Es gibt Getaufte, die sich vom kirchlichen Leben entfernen, indem sie sich nicht an den Aktivitäten der Kirche beteiligen. Es gibt andere Getaufte, die so bestürzt über die Verhältnisse in den Kirchen sind, daß sie sich um ihres eigenen Glaubens und um der Würde ihrer Taufe willen bewußt von der institutionellen Kirche trennen. Und es gibt Menschen, die nicht getauft sind, aber sich dennoch aktiv am Leben der Kirche beteiligen. All diese Fälle werfen auf unterschiedliche Weise die Frage nach der Beziehung zwischen Taufe und Kirchenmitgliedschaft auf. Die wahre Kirche ist nicht einfach identisch mit der Anzahl der Getauften, und die vorfindliche institutionelle Kirche leidet (in jeder Denomination) an mancherlei Entstellungen. Dies darf aber dennoch nicht zu einer Unterbewertung der Taufe führen. Alle, die getauft worden sind, und sogar diejenigen, die sich bewußt von der Kirche getrennt haben, bleiben unter ihrer Obhut. Die Kirche hat auch die Verantwortung, diejenigen zur Taufe hinzuführen, die vom Evangelium berührt worden sind, deren Glaube aber noch nicht durch die Taufe besiegelt wurde.

251. Die eine Taufe wird mit Wasser unter der Verheißung vollzogen, daß der Heilige Geist denen geschenkt wird, die die Taufe gemäß den Worten Jesu empfangen: „Es sei denn, daß jemand von neuem geboren werde, so kann er das Reich Gottes nicht sehen" (Joh 3,3).

Zur Vergebung der Sünden

252. Durch seine starke Betonung der Taufe als das Sakrament zur Sündenvergebung ermahnt das Nizänum uns, unsere Taufe ernst zu nehmen in ihrer wesentlichen Verbindung zum Beginn eines neuen Lebens, des *entscheidenden und grundlegenden Wandels* in der Geschichte unseres Lebens, der ein für allemal geschieht. Außerdem erinnert uns die Aussage des Bekenntnisses daran, daß auch eine spätere Buße, Beichte und Absolution in Verbindung mit unserer Taufe gesehen werden sollte als eine Neuaneignung dessen, was ein für allemal in unserer Taufe geschehen ist. Auf diese Weise soll die Taufe auch nicht nur als eine vorübergehende Feier ernstgenommen werden, sondern vielmehr als ein Akt, der die Grundlage für die Kontinuität des christlichen Lebens innerhalb der Gemeinschaft der Familie Gottes darstellt (vgl. Eph 2,19).

Kommentar:

Innerhalb der ökumenischen Gemeinschaft gibt es weiterhin Unterschiede in bezug auf die Taufpraxis. So ist das Sakrament der Taufe zum Beispiel nach der alt-kirchlichen Tradition mit Chrismation und Eucharistie verbunden. Später wurde die Chrismation/Eucharistie in einigen Teilen der Kirche auf einen späteren Zeitpunkt im Initiationsprozeß verschoben. Es bestehen auch weiterhin Unterschiede darin, wie die Traditionen das verstehen, was im Akt der Taufe bewirkt wird. Alle stimmen darin überein, daß es in der mit Wasser und im Namen des Vaters, des Sohnes und des Heiligen Geistes vollzogenen Taufe um das Handeln Gottes und die Antwort des Täuflings geht. Alle stimmen darin überein, daß das Handeln Gottes Gnaden-handeln und die Antwort des Menschen Glaubenshandeln ist. Niemand leugnet, daß Gott vor der Taufe bereits gnädig gehandelt hat und daß die Antwort des Men-schen bereits begonnen hat, eine Antwort des Glaubens zu sein.

Unterschiede treten dann hervor, wenn der Versuch gemacht wird, eine präzisere Antwort auf die Frage zu geben, was Gottes Gnade in der Taufe bewirkt, wenn ihr die menschliche Antwort des Glaubens begegnet. Einige vertreten die Auffassung, daß die Taufe der Augenblick ist, wo Gottes Gnade die Vergebung der Sünden bewirkt, und daß somit die Taufe wesentlich mit dem Beginn eines neuen Lebens verbunden ist. Von daher wird die Taufe als der Augenblick der Neugeburt bestimmt. Andere sagen, daß der Zeitpunkt der Wiedergeburt, wenn die erlösende Gnade Gottes im Glauben angenommen wird, vor der Taufe liegt. Die wesentliche Verknüpfung von Taufe und neuem Leben bedeutet also, daß das Ereignis der Taufe das bezeichnet, was durch Gottes Gnade bereits geschehen ist.

Wie weit sind diese beiden Auffassungen voneinander entfernt? Traditioneller-weise sind sie entweder als sakramentales oder als symbolisches Taufverständnis bezeichnet worden. Vielleicht hat die Polarisierung zu einer gewissen Verzerrung beider Auffassungen geführt. Könnte es nicht einen Mittelweg geben zwischen dem, was einigen als ein rein symbolisches Verständnis und anderen als ein scheinbar quasi-mechanisches Verständnis der sakramentalen Gnade erscheint? Wenn alle akzeptieren können, daß Gott auf irgendeine Weise bereits gnadenvoll gehandelt hat, indem er den betreffenden Menschen zur Taufe geführt hat, und wenn alle aner-kennen, daß der Akt der Taufe selbst ein wirkungsvolles Zeichen der Gnade Gottes ist, das die Antwort unseres Glaubens innerhalb der Kirche hervorruft, und daß Gott nach der Taufe dem Getauften weiterhin seine Gnade zuteil werden läßt, dann brauchen die verbleibenden Unterschiede nicht mehr als kontradiktorisch betrachtet zu werden.

253. Die von Gott in der Taufe gewährte Gabe erfordert in jedem Fall die vom Menschen gegebene *Antwort des Glaubens,* wenn sie auf wirksame Weise Ver-söhnung verleihen soll. Dies gilt in jedem Fall auch für diejenigen, die noch nicht in der Lage sind, für sich selbst zu antworten. Hier denken wir in erster Linie an den Glauben der Gemeinschaft, innerhalb derer die Taufe stattfindet, aber auch an

den zukünftigen Glauben von Täuflingen, wenn sie erwachsen geworden sind. Was die Taufe derer anbetrifft, die für sich selbst antworten können, so leugnet niemand, daß Gott bereits vor ihrer Taufe gnädig gehandelt hat und daß ihre Antwort bereits angefangen hat, eine Antwort des Glaubens zu sein. In beiden Fällen ist die Taufe selbst ein wirksames Zeichen der Gnade Gottes, die die lebenslange Antwort des Glaubens hervorbringt. Der Vollzug der Taufe innerhalb des Gemeindegottesdienstes erinnert die Gemeindeglieder auch an ihre eigene Taufe und an deren fortwährenden Segen und Auftrag.

254. Taufe bedeutet *Teilhabe* an Leben, Tod und Auferstehung Jesu Christi. Durch die Taufe werden Christen eingetaucht in den befreienden Tod Christi, wo ihre Sünden begraben werden, wo der „alte Adam" mit Christus gekreuzigt und die Macht der Sünde zerbrochen wird. Christen beten weiterhin jeden Tag „vergib uns unsere Schuld" und leben weiterhin im Vertrauen auf ihre Rechtfertigung. In diesem Sinne sind die Getauften nicht mehr Sklaven der Sünde, sondern frei. Ganz und gar mit dem Tod Christi identifiziert, werden sie mit ihm begraben und jetzt und hier auferweckt zu einem neuen Leben in der Kraft der Auferstehung Jesu Christi und in der Gewißheit, daß sie schließlich eins mit ihm sein werden in einer Auferstehung wie der seinen (Röm 6,3-11; Kol 2,13; 3,1; Eph 2,5-6).

Kommentar:

Im 16. Jahrhundert führte die Frage der Rechtfertigung zur Spaltung der westlichen Kirche. Martin Luther sah in der Kirche seiner Zeit ein Denken und eine Praxis, die die Gnade Gottes von religiösen Werken abhängig machten. In seinen Augen war dies etwas, das grundlegend dem Evangelium von Jesus Christus widersprach. Die katholische Seite befürchtete, daß die reformatorischen Theologen und Gemeinschaften mit ihrer Betonung des forensischen (juridischen) Charakters der Rechtfertigung die Notwendigkeit eines neuen Lebens als Frucht der Gnade und des Glaubens vernachlässigten. Im Lichte unseres gemeinsamen Hörens auf die Heilige Schrift bekennen wir heute jedoch miteinander, daß wir ohne Verdienst allein durch den Glauben gerechtfertigt werden, daß die Gnade Gottes auch das menschliche Wesen verwandelt und daß das christliche Leben nicht glaubwürdig ist, wenn keinerlei Erneuerung da ist. Wir bekennen auch gemeinsam, daß die Frage der Rechtfertigung die Mitte des christlichen Glaubens betrifft. Im Lichte dieser Erkenntnisse können wir sagen, daß die Verwerfungen des 16. Jahrhunderts nicht mehr dazu geeignet sind, den heutigen Dialogpartner zu beschreiben.

Die Rechtfertigungslehre ist niemals ein Element der Trennung zwischen der östlichen und westlichen Christenheit gewesen. Dennoch haben einige orthodoxe Theologen vermutet, daß einige der Formulierungen der westlichen Lehre zu einseitig und zu forensisch seien. Auf der anderen Seite scheint aus westlicher Sicht die orthodoxe Lehre der Vergöttlichung (theosis) die fortdauernde Sündhaftigkeit der Christen nicht ernst genug zu nehmen.

Aber die Orthodoxen machen deutlich, daß „theosis" nicht impliziert, daß Menschen ihrem Wesen nach göttlich werden, sondern vielmehr die Erneuerung und das Neugeborenwerden der Menschen sowie die Erleuchtung und Teilhabe der Menschheit am göttlichen Leben durch den Heiligen Geist beschreibt. Heute können östliche und westliche Theologen sagen, daß Christen dadurch gerechtfertigt werden, daß sie in eine andere Richtung umkehren, die sie dazu führt, „Anteil zu bekommen an der göttlichen Natur" (2 Petr 1,4). Darunter wird ein Prozeß verstanden, der ein Wachsen in Heiligkeit bewirkt, so daß die Menschen Gott immer näher kommen. Es bedeutet nicht, daß Christen keine Sünder mehr sind und keiner täglichen Vergebung mehr bedürfen.

255. In der Taufe salbt Gott die Täuflinge mit dem Heiligen Geist, zeichnet sie mit dem Siegel bleibender Zugehörigkeit zu Christus und pflanzt in ihre Herzen den ersten Anteil ihres Erbes als Söhne und Töchter Gottes. Der Heilige Geist nährt das Glaubensleben in ihren Herzen, bis sie ihr ewiges Erbe antreten (Eph 1,13-14). Zu der Taufe, die Christen zu Teilhabern am Geheimnis des Todes und der Auferstehung Christi macht, gehören Sündenbekenntnis und Umkehr des Herzens. So empfangen die Getauften von Christus Vergebung, Reinigung und Heiligung und erhalten eine *neue ethische Orientierung* unter der Leitung des Heiligen Geistes als Teil ihrer Taufe. Der Heilige Geist ruft und motiviert zu persönlicher Heiligung wie auch zum Engagement in allen Lebensbereichen für die Verwirklichung des Willens Gottes.

Kommentar:

Während die Alte Kirche die Salbung (Chrismation, Konfirmation) der Getauften als Teil des Taufritus vornahm – und die orthodoxen Kirchen dies auch weiterhin tun –, verwandelte die westliche Kirche aus verschiedenen Gründen den Akt der Salbung in einen eigenständigen Akt (Konfirmation).

256. Bei der Taufe geht es nicht nur um eine augenblickliche Erfahrung, sondern um ein *lebenslanges in Christus Hineinwachsen*. Die Getauften werden dazu aufgerufen, die Herrlichkeit Gottes widerzuspiegeln, wenn sie durch die Kraft des Heiligen Geistes verwandelt werden „in sein Bild von einer Herrlichkeit zur andern" (2 Kor 3,18). Das Leben des Christen ist notwendigerweise von ständigem Ringen, aber auch von ständiger Erfahrung der Gnade bestimmt. In dieser neuen Beziehung leben die Getauften für Christus, für seine Kirche und für die Welt, die er liebt, während sie in Hoffnung warten auf die Offenbarung von Gottes neuer Schöpfung und auf die Zeit, wenn Gott alles in allem sein wird. In dem Maße, in dem sie im christlichen Leben des Glaubens wachsen, zeigen die getauften Gläubigen, daß die Menschheit neu geschaffen und befreit werden kann.

D. Die Auferstehung der Toten und das Leben der kommenden Welt

257. Bei den letzten Worten des Glaubensbekenntnisses geht es um die Hoffnung. Christen sind wahrlich ein Volk der Hoffnung, und die Kirche ist eine Gemeinschaft

der Hoffnung. In der Kraft des Heiligen Geistes haben Christen die Gewißheit, daß Gott ihnen in Christus und seiner Auferstehung eine Zukunft und eine Hoffnung eröffnet hat, die über die Wechselfälle und Nöte dieser Zeit, dieses Lebens und dieser Welt hinausblickt. Doch diese transzendente Hoffnung wird bereits jetzt zu einer Quelle der Stärke, der Ausdauer und der Erwartung und kann in der Weise, wie Menschen leben und handeln, Früchte tragen.

258. Diese transzendente Erwartung und Hoffnung stehen vor *Herausforderungen* in einer Welt, in der keine Auferstehungen geschehen, wo die Wirklichkeit des Todes eine endgültige Tatsache zu sein scheint, mit der die Menschen sich abfinden müssen. Der Botschaft der Hoffnung auf ein Leben jenseits unserer Zeit und Welt steht die massive Erfahrung von Hoffnungslosigkeit gegenüber in einer Welt, die von Bedrohungen durch Überbevölkerung, ökologischen Zusammenbruch und Elend von Millionen heimgesucht wird. Wie können diese Herausforderungen in Worte und Taten der Verheißung umgewandelt werden?

I. DAS BEKENNTNIS UND SEIN BIBLISCHES ZEUGNIS

a) Der Text des Bekenntnisses

259. „Wir erwarten die Auferstehung der Toten
und das Leben der kommenden Welt. Amen."
(AG: „Auferstehung der Toten
und das ewige Leben. Amen.")

260. Das Glaubensbekenntnis schließt mit einer eschatologischen Aussage, die eng mit dem zweiten Glaubensartikel verbunden ist. Dort lag der Akzent auf der Zukunft Christi, hier liegt er auf der Zukunft der Glaubenden und einer zukünftigen Welt. Was über das Jüngste Gericht, über die Lebenden und die Toten zu sagen ist, wurde im zweiten Artikel ausgesagt und wird im dritten Artikel nicht wiederholt.

261. Wenn das Glaubensbekenntnis von der „Auferstehung der Toten" spricht, wird an eine Zukunft für die Glaubenden jenseits des Todes gedacht, die nicht lediglich eine spirituelle Zukunft ist. Im Unterschied zu gnostischen und manichäischen Gedanken geht es hier um einen ganzheitlichen Prozeß, der Leib, Seele und Geist der Menschen betrifft.

262. Das Apostolische Glaubensbekenntnis spricht vom Glauben an das „ewige Leben". Wenn das Glaubensbekenntnis von Nizäa-Konstantinopel auf das Leben der zukünftigen Welt hinweist, betont es deshalb den qualitativen Unterschied zwischen dem gegenwärtigen Leben und dem zukünftigen Leben.

b) Biblisches Zeugnis

263. Im großen und ganzen hat das *Alte Testament* wenig über das Leben nach dem Tod zu sagen. Das Reich der Toten ist ein Ort der Schatten, von dem niemand

zurückkehrt (2 Sam 12,23); ein Ort ohne Licht (Jes 10,21), ein Ort, wo niemand Gott lobt (Ps 6,5; 30,9; 115,17). Die Propheten sahen einem neuen Zeitalter, einer zukünftigen Zeit des Segens und Friedens entgegen, wenn ein neuer David in Jerusalem regieren würde (Jes 9 und 11). Mit der Zeit wurde diese zukünftige Hoffnung von der gegenwärtigen Welt und von ihrer geschichtlichen Zukunft losgelöst, und statt eine Fortführung dieser Welt zu sein, schien sie einen radikalen Bruch und eine Diskontinuität mit sich zu bringen. Nur in späteren Texten hören wir im Alten Testament und in den intertestamentarischen Schriften gelegentlich von einer Auferstehung der Toten (Jes 26,19; Dan 12,2).

264. Im Gegensatz zum Alten Testament wird die Hoffnung auf die Auferstehung der Toten, eine umstrittene Frage zwischen Pharisäern und Sadduzäern zur Zeit Jesu, im *Neuen Testament* deutlich bezeugt. Nach Paulus ist sie untrennbar mit der Auferstehung Jesu Christi selbst, des Erstgeborenen unter den Toten, verbunden (1 Kor 15,15ff). Wir werden vergänglich geboren, aber unvergänglich auferweckt (1 Kor 15,42; 53-53). Der Glaube an die Auferstehung der Toten ist ein Trost für diejenigen, die um den Tod von Freunden trauern (1 Thess 4,13ff). Gemäß der Apostelgeschichte war die Predigt des Paulus über die Auferstehung der Toten in Athen das Thema, das besonderen Anstoß erregte (Apg 17,32). Im Johannesevangelium wird diese Hoffnung mit der Gewißheit verbunden, daß die Toten beim Hören der Stimme des Gottessohnes lebendig werden (Joh 5,24ff).

265. Das ewige Leben wird im Neuen Testament als ein persönliches Leben mit Christus beschrieben (Phil 1,23), aber auch als eine im Lobpreis des ewigen Gottes vereinte Gemeinschaft im Reich Gottes geschildert (Lk 13,29; Mk 14,25; Offb 22,3; 7,12). Das alttestamentliche Bild vom neuen Himmel und der neuen Erde wird übernommen und weitergeführt. Wir hören von der neuen Stadt, in der Gott alle Tränen von unseren Augen abwischen wird (Offb 21,1ff). Das ewige Leben wird ein Leben in der Gegenwart Gottes sein, in dem wir „von Angesicht zu Angesicht" (1 Kor 13,12) sehen werden, wie Gott ist (1 Joh 3,2). Grundlegend für das neutestamentliche Zeugnis ist die Tatsache, daß ein solches Leben nicht lediglich Gegenstand der Hoffnung, sondern auch eine gegenwärtige Realität ist (vgl. das Johannesevangelium); das Reich Gottes ist schon mitten unter uns (Lk 17,21); das neue Leben wird bereits in der Taufe geschenkt, und wir erfahren es als Gemeinschaft des Heiligen Geistes (Röm 6,3 und 14,17). Das von Jesaja als eine Verheißung für die Zukunft verkündete Gnadenjahr des Herrn ist mit dem Kommen Jesu schon erfüllt worden (Lk 4,16-21).

II. AUSLEGUNG FÜR HEUTE

266. Aus dem Glauben leben bedeutet, in Hoffnung zu leben. Der Grund unserer Hoffnung ist Jesus Christus. Als Erstgeborener von den Toten ist *Jesus Christus* die Verwirklichung und Manifestation der neuen Menschheit. In seinem Leben und Wirken, in seinem Tod und seiner Auferstehung offenbart Gott die Zukunft, die er für die Welt durch den Geist will. In ihm tritt das ewige Leben in unser Leben ein

und führt es aus unserer Knechtschaft zum Tode und bringt es in die Gemeinschaft mit Gott. Der durch den auferstandenen Christus ausgegossene Geist ist das Siegel unserer Hoffnung, einer Hoffnung auf das, was jenseits menschlicher Fähigkeiten und Erwartungen liegt (Hebr 11,1), einer Hoffnung gegen alle Hoffnung. Es ist eine vertrauensvolle Hoffnung, weil sie auf der kraftvollen Verheißung Gottes beruht.

Auferstehung der Toten

267. Mitte und Grundlage unserer Hoffnung auf ein Leben mit Gott jenseits des Todes (1 Thess 4,13-18; Mt 25,31ff; 1 Kor 15,3ff) ist die Auferstehung Jesu Christi von den Toten und die Verheißung, daß diejenigen, die mit Christus gestorben sind, ewig mit ihm leben werden. Für den christlichen Glauben bedeutet die Auferstehung, daß Menschen in ihrer Individualität und Ganzheit, Leib-Seele-Geist, über den Tod hinaus eine Zukunft haben und daß daher das menschliche Leben von seinem Anbeginn bis zum Tod des einzelnen Menschen in Rechenschaft vor Gott eine ewige Bedeutung hat. Diese Hoffnung ist ein Protest gegen die Skepsis derer, für die der Tod die Grenze allen Lebens ist. Vergänglichkeit und Tod sind nicht die letzten Worte über das menschliche Leben, sondern Gott hat vielmehr dem menschlichen Dasein durch die Verheißung des ewigen Lebens eine einzigartige Würde verliehen. Auferstehung bedeutet für den christlichen Glauben, daß der Mensch nach dem Tod eine Zukunft hat.

Kommentar:

Der Status der Toten zwischen Tod und Auferstehung ist unterschiedlich verstanden worden (z.B. im Sinne eines Fegefeuers nach dem Tode). Verschiedene Glaubensvorstellungen über die Toten und ihre Beziehung zu den Lebenden führten zu unterschiedlichen religiösen Praktiken (z.B. Gebete für die Toten, Fürbitten durch die Heiligen und Anrufung der Heiligen). Darüber hinaus ist die Vorstellung von der Unsterblichkeit der Seele, die in der Geschichte des Christentums weithin eine wichtige Rolle gespielt hat, in jüngster Zeit von einigen bekräftigt und von anderen abgelehnt worden.

268. Zur Auferstehung gehört eine Begegnung mit dem lebendigen Gott und seinem Gericht über Gutes und Böses im persönlichen und gemeinschaftlichen Leben. Die Menschheit ist ihm jetzt wie in seinem noch zu erwartenden Endgericht Rechenschaft schuldig. Wir glauben und bekräftigen, daß es nicht Gottes Wille ist, die Welt, die er geschaffen hat, zu verurteilen und zu zerstören. Indem er seinen Sohn dahingibt, will er, daß seine Welt gerettet wird (Joh 3,17). Das biblische Zeugnis enthält jedoch die Möglichkeit einer letzten Verdammung (vgl. Mt 25,45f; Offb 20,15). Die Spannung zwischen diesen verschiedenen Akzentuierungen im biblischen Zeugnis sollte nicht dadurch aufgelöst werden, daß in die eine oder in die andere Richtung argumentiert wird, sondern sie sollte als Hinweis auf die Offenheit der Geschichte betrachtet werden.

Kommentar:

Im Laufe der Geschichte haben einige christliche Theologen und geistliche Bewe-gungen sich für eine universale Erlösung ausgesprochen. In der Bibel kommt die Formulierung „apokatastasis panton" („Die Zeit, in der alles wiedergebracht wird") in Apostelgeschichte 3,21 vor, bezieht sich aber auf die endgültige Erfüllung der alt-testamentlichen Weissagung und impliziert kaum eine universale Erlösung. Markus 9,12 sagt von Elias, daß er in den letzten Tagen wiederkehren wird und „alles wieder zurechtbringen wird"; aber in 9,13 versteht Jesus dies als bereits verwirklicht im Wirken Johannes des Täufers. Im 1. Timotheusbrief 2,4 heißt es, daß Gott will, daß alle Menschen erlöst werden und zur Erkenntnis der erlösenden Wahrheit gelangen (vgl. auch Röm 11,32). Damit wird zwar eine Begründung für christliche Mission gegeben, aber keine Garantie einer universalen Erlösung für diejenigen, die den Ruf zur Umkehr verwerfen.

In Treue zur Unterweisung des Neuen Testaments muß christliche Lehre sowohl der grenzenlosen Absicht der erlösenden Liebe Gottes als auch den vielen neutesta-mentlichen Warnungen, daß eine ewige Verdammung möglich ist, gerecht werden. Dennoch bleibt der rettende Wille Gottes ein letztes Geheimnis, das noch Möglich-keiten offenhält, wo das Lebensbuch für Menschen geschlossen zu sein scheint.

269. Der Tod von Menschen wurde als die einschneidendste existentielle Äuße-rung der Gegenwart von Mächten der Zerstörung überall in der Schöpfung ange-sehen. Diese *Mächte des Todes* sind das ganze Leben hindurch gegenwärtig und ver-suchen, uns von Brüdern und Schwestern und von Gott zu trennen. Aber der Tod ist am Kreuz und in der Auferstehung Christi besiegt. Das schenkt uns die Gewißheit unserer Auferstehung. In der Taufe (Röm 6,3ff) und das ganze christliche Leben hin-durch haben wir teil an Christi Tod und an seinem *Sieg über den Tod* in seiner Auf-erstehung und empfangen seinen lebenspendenden Geist. Gleichzeitig weisen Christi Tod und Auferstehung und das Kommen des Geistes nach vorn auf die Auferstehung der Toten und die endgültige Verwandlung des Kosmos.

Das Leben der kommenden Welt

270. Nach Gottes Plan wird die Schöpfung auf eine Weise radikal verwandelt werden, die noch ein Geheimnis ist. In Christus offenbart Gott seinen „Ratschluß, um ihn auszuführen, wenn die Zeit erfüllt wäre, daß alles zusammengefaßt würde in Christus, was im Himmel und auf Erden ist" (Eph 1,10). So wird die Ganzheit der Schöpfung nicht losgelöst werden von der endgültigen Vollendung des Reiches Gottes. Einige Elemente der Schöpfung wie das Wasser der Taufe, menschliche Worte zur Verkündigung des Evangeliums und Brot und Wein bei der Eucharistie werden bereits jetzt vom Heiligen Geist benutzt, um uns die Erstlingsfrüchte des Reiches Gottes zu schenken. In dem *neuen Himmel und der neuen Erde* (Jes 65,17; Offb 21,1) wird die neue Menschheit Gott von Angesicht zu Angesicht sehen und preisen (1 Kor 13,12). Gott wird alles in allem sein (1 Kor 15,28).

271. Das *Reich Gottes* ist die Erfüllung der Weissagung an Israel (Jes 11,1-11; Mi 4,3) von der Aufrichtung von Recht, Gerechtigkeit und Frieden, von Gottes Willen auf Erden wie im Himmel. Das Reich Gottes ist die Wirklichkeit, in der die souveräne Herrschaft Gottes durch seinen Sohn Jesus Christus in der Kraft des Heiligen Geistes verwirklicht wird. Unter Gottes allmächtiger Herrschaft werden die Mächte des Bösen, der Sünde und des Todes, die Mächte und Gewalten dieser Welt (1 Kor 15,22-24; Kol 2,15 usw.) durch das Kreuz und die Auferstehung überwunden (Phil 2,5-11).

Heute in Hoffnung leben

272. Die Kirche ist daher eine *Gemeinschaft (communio) der Hoffnung* inmitten einer Welt, die mit Tod und Zerstörung konfrontiert ist. In der Kirche ist die Herrschaft Christi in der Welt gegenwärtig, wo durch die Kraft des Heiligen Geistes Versöhnung, Frieden, Gerechtigkeit und Erneuerung bereits jetzt erreichbare Wirklichkeit werden. So ist die Kirche ein Zeichen der Zukunft Gottes für die Erneuerung der Menschheit. Die Kirche blickt auch nach vorn auf die endgültige Vollendung. Die Hoffnung der Kirche ist somit eine Hoffnung für die Welt und ein Vertrauen auf Gottes erlösende Verheißung der Treue gegenüber seiner ganzen Schöpfung.

Kommentar:

Für eine eingehendere Analyse vgl. Die Kirche – Gemeinschaft der Hoffnung, Teil V. von „Eine gemeinsame Rechenschaft von der Hoffnung", in: Bangalore 1978, Sitzung der Kommission für Glauben und Kirchenverfassung, Berichte, Reden, Dokumente, hrsg. von G. Müller-Fahrenholz, Beiheft zur Ökumenischen Rundschau Nr. 35, Frankfurt/M. 1979.

273. Die Kirche hat eine Hoffnung: „Ihr seid berufen zu einer Hoffnung eurer Berufung" (Eph 4,4). Diese eine Hoffnung verbindet miteinander die Hoffnung auf die Auferstehung der Toten und die Hoffnung auf das Leben der kommenden Welt. Diese gehören untrennbar zusammen und bekräftigen und tragen christliche Hoffnung in ihrer gesellschaftlichen, persönlichen und kosmischen Dimension.

Leben aus unserer Hoffnung

274. An die lebenspendende und verwandelnde Kraft des Heiligen Geistes glauben, die „Koinonia" des Volkes Gottes in der Kirche Christi sein, zu allen Menschen gesandt sein, um die frohe Botschaft der Erlösung bis ans Ende der Geschichte zu verkündigen und zu leben, durch die Taufe zur Vergebung der Sünden Teilhaber am neuen Leben des auferstandenen Herrn werden und dadurch die Gewißheit erhalten, mit der ganzen Schöpfung am Leben der kommenden Welt teilzuhaben – das alles sind konstitutive Elemente des apostolischen Glaubens durch die Zeiten hindurch. Sie geben Christen auch heute eine unerschütterliche Grundlage und *neue Perspektiven* für ihren Einsatz in den Angelegenheiten dieser Welt. Das findet seinen zentra-

len Ausdruck in unserer christlichen Hoffnung inmitten einer bedrohten und vergänglichen Welt.

275. Erfüllt von dieser Hoffnung können wir trotz unserer eigenen Schwächen und Ängste mit Gewißheit und im Vertrauen auf die Verheißungen Gottes mitten in einer Welt leben, die im Blick auf ihre Zukunft ungewiß zu sein scheint. Weil wir glauben, daß die Zukunft letztlich in den sicheren Händen Gottes liegt, brauchen wir uns nicht ängstlich um morgen zu sorgen (Mt 6,34). Durch unsere Hoffnung werden wir dazu bewegt, *für eine menschlichere und gerechtere Welt zu wirken.* Unser Streben nach Gerechtigkeit und Frieden innerhalb der Geschichte kann das Reich Gottes nicht herbeiführen, aber unser Einsatz geschieht in dem Vertrauen, daß nichts von dem, was wir in Erwartung jener Heiligen Stadt getan haben, umsonst sein wird. Weil unsere Hoffnung auf Gott gründet, können wir es wagen, uns den Freuden und Leiden der Welt zu öffnen.

276. Indem wir im Glauben unsere Hoffnung für diese Welt bekräftigen, die im Glauben an den dreieinigen Gott begründet ist, *verneinen wir jede Flucht aus dieser Welt* und ihren Problemen. Eine solche Flucht kann viele Formen annehmen. Wir können uns zum Beispiel in der Anhäufung von Dingen verlieren, in der Pflege persönlicher Befriedigung oder in der weltfremden Flucht vor den konkreten Nöten unseres Nächsten.

– Indem wir unser Vertrauen auf die Zukunft, die Gott für uns bereithält, bekräftigen, wenden wir uns gegen jeden Versuch, unsere Zukunft auf Kosten der Welt zu sichern, besonders durch die Bedrohung mit Massenvernichtung.

– Indem wir die Gegenwart des noch zukünftigen Reiches Gottes bekräftigen, wenden wir uns gegen jegliches Verständnis von Gottes kommendem Reich, das entweder das Reich Gottes von dieser Welt und ihrem Leben losgelöst versteht oder das Reich Gottes mit einer bestimmten geschichtlichen Wirklichkeit gleichsetzt.

– Indem wir Gottes Treue gegenüber seiner ganzen Schöpfung bekräftigen, wenden wir uns gegen jede Verarmung unserer Hoffnung, die uns die Augen verschließt gegenüber der Ganzheit von Gottes Erlösung für einzelne Menschen, für die menschliche Gemeinschaft und für die ganze Schöpfung.

– Indem wir bekennen, daß Jesus Christus mit seinem Geist Gottes Wort ist, durch das alles beurteilt wird und seinen letzten Sinn erhält, wenden wir uns gegen die Auffassung, daß die Mächte, die die Geschichte zu lenken scheinen, letztlich deren Sinn und Schicksal bestimmen werden.

277. Angesichts einer rein säkularen Einstellung, die nicht über sich selbst hinaus auf Gott blickt, ist *unsere Hoffnung* in Liebe in dieser Welt tätig, ausblickend auf die kommende Welt, und sie wird innerhalb der Gemeinschaft der Kirche durch die immer neue Gabe der Erlösung Gottes in Jesus Christus erneuert, die vom Heiligen Geist durch Wort und Sakrament verliehen wird.

– Angesichts von Verzweiflung über die Welt weigert sich unsere Hoffnung, sich zufriedenzugeben mit den Dingen, wie sie sind.

– Angesichts wachsender Hoffnungslosigkeit wird unsere Hoffnung keine Situation und keinen Menschen für hoffnungslos erklären.

– Angesichts von Unterdrückung bekräftigt unsere Hoffnung, daß keine Unterdrückung immer bestehen bleiben wird.

– Angesichts des Mißbrauchs von religiösen Vorstellungen zur Rechtfertigung von politischen Programmen bekräftigt unsere Hoffnung, daß das Kommen des Reiches Gottes nicht in unserer Macht liegt, sondern in der Macht der überraschenden Initiative Gottes bleibt.

– Angesichts von unerträglichem Schmerz, unheilbarer Krankheit und unabänderlicher Behinderung bekräftigt unsere Hoffnung die liebende Gegenwart Christi, der möglich machen kann, was für menschliche Kräfte unmöglich ist.

278. Unsere Hoffnung für dieses Leben und diese Welt ist gegründet im Kreuz und in der Auferstehung Jesu Christi, und sie wird ihre Vollendung finden in der seligmachenden Vision und durch die Teilhabe an der Freude Gottes in der Gemeinschaft der Heiligen. *Allein auf Gott vertrauen wir.* Alles, was wir empfangen haben, haben wir aus seiner Hand empfangen. Alles, worauf wir hoffen, wird aus seinem Segen erwachsen. Gott sei Ehre von Ewigkeit zu Ewigkeit. „Es spricht, der dies bezeugt: Ja, ich komme bald. – Amen, ja, komm, Herr Jesus!" (Offb 22,20)

Amen

279. Das Glaubensbekenntnis von Nizäa-Konstantinopel endet mit dem *Amen.* Bereits in der Heiligen Schrift wird dieses Amen dazu benutzt anzuzeigen, daß das Volk Gottes eine Verkündigung annimmt und durch diese Annahme bestätigt. In den früheren Liturgien wurde das, was die Ordinierten in ihrem besonderen Amt in der Kirche Gottes verkündigt und bekannt hatten, auf diese Weise durch die ganze gottesdienstliche Versammlung angenommen und bestätigt, die ihr Vertrauen in das, was bekannt worden ist, zum Ausdruck bringt. Wenn heute die ganze Gemeinde zusammen mit den Ordinierten das Glaubensbekenntnis verkündigt und bekennt, bezeichnet dies die Gemeinschaft der ganzen Kirche Gottes in dem durch die Apostel überlieferten Glauben. Das Amen dieser Gemeinde bringt das *Ja* zum dreieinigen Gott voll Vertrauen zum Ausdruck, der uns als der Vater, der Sohn und der Heilige Geist offenbart worden ist.

Geschichtlicher Hintergrund des Studienprojekts über den apostolischen Glauben

GENNADIOS LIMOURIS

Von 1888 bis 1963

Einer der ersten Versuche in neuerer Zeit, zu einem Ausdruck des gemeinsamen Glaubens zu gelangen, wurde 1888 unternommen, als die Dritte Lambeth-Konferenz die Grundlagen des christlichen Glaubens im Lambeth-Quadrilateral zusammenfaßte: „. . . das Apostolische Glaubensbekenntnis als Taufbekenntnis und das Nizänische Glaubensbekenntnis als zureichende Darlegung des christlichen Glaubens".[1]

Später, im Jahr 1910, nahm auf Initiative der Protestantischen Episkopalkirche in den USA die Bewegung für Glauben und Kirchenverfassung ihren Anfang, von der ein Aufruf ausging an „alle christlichen Gemeinschaften in der ganzen Welt, die unseren Herrn Jesus Christus als Gott und Heiland bekennen".[2]

Drei Ereignisse im Jahr 1920 markierten weitere wichtige Schritte in einem langen ökumenischen Prozeß: In seiner Enzyklika „An die Kirchen Christi an allen Orten" drängte das Ökumenische Patriarchat von Konstantinopel auf die „Schaffung einer Art Bund von Kirchen".[3] Die auf der Lambeth-Konferenz versammelten anglikanischen Bischöfe richteten einen „Appell an alle Christen" zur Wiedervereinigung der Christenheit, in dem sie sich der Frage des Glaubens zuwandten.[4] Schließlich befaßte sich die Vorbereitungskonferenz für Glauben und Kirchenverfassung in Genf mit „der Bedeutung der Bibel und des Glaubensbekenntnisses für eine vereinigte Kirche".[5]

Auf der Tagesordnung der Ersten Weltkonferenz für Glauben und Kirchenverfassung, die 1927 in Lausanne/Schweiz stattfand, stand bereits eine Sektion über „Das gemeinsame Glaubensbekenntnis der Kirche".[6]

Auf der Zweiten Weltkonferenz für Glauben und Kirchenverfassung 1937 in Edinburgh/Schottland wurden die wesentlichen Ergebnisse zur Frage des gemeinsamen Glaubens im Bericht über „Die Gnade unseres Herrn Jesus Christus" zusammengestellt.[7]

Nach der Gründung und der Ersten Vollversammlung des Ökumenischen Rates der Kirchen in Amsterdam/Holland im Jahr 1948 ging es der Dritten Weltkonferenz für Glauben und Kirchenverfassung, die 1952 in Lund/Schweden abgehalten wurde, hauptsächlich darum, daß der Glaube an die eine Kirche Christi in Taten des Gehorsams umgesetzt wird.[8]

Die 1963 in Montreal tagende Vierte Weltkonferenz bekräftigte die Wechselbeziehung zwischen dem Verständnis des christlichen Glaubens und Fragen zu „Schrift, Tradition und Traditionen".[9]

Von 1963 bis 1983

Seit der Weltkonferenz in Montreal hat die Kommission für Glauben und Kirchenverfassung die Frage nach dem gemeinsamen Verständnis und Bekenntnis des einen christlichen Glaubens ständig weiter verfolgt. Diese wurde vor allem deutlich in der Studie über „Rechenschaft von der Hoffnung, die in uns ist", die 1971 bei der Kommissionstagung in Löwen/Belgien in die Wege geleitet wurde und bei der Kommissionstagung in Bangalore/Indien 1978 ihren Abschluß fand. Die Erklärung über „Gemeinsame Rechenschaft von der Hoffnung" behandelte den trinitarischen Glauben an Gott, die Ekklesiologie, Eschatologie und Ethik und die Voraussetzungen für einen Konsensus über den apostolischen Glauben.[10]

Bei der Kommissionstagung in Lima/Peru im Jahr 1982 wurde der Plan für das Studienprojekt „Auf dem Weg zu einem gemeinsamen Ausdruck des apostolischen Glaubens heute" entworfen. Dabei wurde die Bedeutung des Themas im allgemeinen und des Nizänischen Glaubensbekenntnisses im besonderen für die heutige ökumenische Bewegung hervorgehoben.[11]

Dieser Neuanfang war aber bereits vorbereitet worden von kleineren Konsultationen über „Auf dem Weg zu einem Bekenntnis des gemeinsamen Glaubens" in Venedig/Italien 1978[12] und über die Frage des „filioque" in Klingenthal/Frankreich 1978/79[13]. Im Zusammenhang mit der 1600-Jahrfeier des Zweiten Ökumenischen Konzils, von dem das Glaubensbekenntnis von Nizäa-Konstantinopel angenommen wurde, wurde 1981 in Chambésy/Schweiz[14] und später im gleichen Jahr in Odessa/UdSSR[15] die ökumenische Bedeutung des Glaubensbekenntnisses von 381 untersucht. Im Jahr 1983 befaßte sich schließlich eine internationale Konsultation in Rom mit den Wurzeln des apostolischen Glaubens anhand von Formen, in denen dieser Glaube in den Schriften des Alten und Neuen Testaments und in der Alten Kirche zum Ausdruck gebracht wurde.[16]

In Vancouver wurde 1983 die Bedeutung und Wichtigkeit dieser Studie von der Sechsten Vollversammlung des ÖRK nachdrücklich bekräftigt[17], und seit 1984 wurde an dieser Studie kontinuierlich gearbeitet. Eine Reihe von Broschüren mit zeitgenössischen Glaubensbekenntnissen aus verschiedenen Kontinenten und Ländern[18] und eine dokumentarische Sammlung von Texten[19] haben die Studie begleitet.

Von 1984 bis 1986

Bei ihrer ersten Tagung auf Kreta 1984 beschloß die neue Ständige Kommission für Glauben und Kirchenverfassung, unter Aufnahme der Entscheidungen und Vorarbeiten zwischen 1981 und 1983 den Versuch einer umfassenden Auslegung des apostolischen Glaubens für unsere Zeit zu unternehmen und dafür das Glaubensbekenntnis von Nizäa-Konstantinopel aus dem Jahr 381 als den bedeutsamsten Ausdruck der Einheit der Alten Kirche zum Ansatzpunkt zu nehmen. [20] Eine Leitungsgruppe für die Studie über den apostolischen Glauben wurde ins Leben gerufen, die sich aus Mitgliedern der Ständigen Kommission zusammensetzte und die die Aufgabe hatte, zusammen mit dem Genfer Sekretariat und dem Plenum der Kommission den Studienprozeß zu koordinieren und die Kommission regelmäßig über die gemachten Fortschritte zu unterrichten. Danach wurden drei interkonfessionelle und internationale Konsultationen zu je einem Artikel des Glaubensbekenntnisses abgehalten:

– Kottayam/Indien, November 1984: Wir glauben an den einen Herrn Jesus Christus (zweiter Artikel)

– Chantilly/Frankreich, Januar 1985: Wir glauben an den Heiligen Geist, die Kirche und das Leben der kommenden Welt (dritter Artikel)

– Kinshasa/Zaire, März 1985: Wir glauben an den einen Gott (erster Artikel).

Als zweiter Schritt trafen sich ein kleiner Redaktionsausschuß im April 1985 in Genf und der Leitungsausschuß der Studie über den apostolischen Glauben im Mai/Juni 1985 in Crêt-Bérard bei Lausanne, um die Berichte der drei Konsultationen zu überarbeiten und weiterzuentwickeln, damit sie dann im August 1985 der Kommissionstagung in Stavanger/Norwegen vorgelegt werden konnten. [21]

Im Mai 1986 fand eine gemeinsam verantwortete Konsultation von „Glauben und Kirchenverfassung" und „Kirche und Gesellschaft" zum Thema „Integrität der Schöpfung" in York/England statt, an der ein erster Austausch über die programmatischen Schwerpunkte in den beiden Untereinheiten stattfand. Diese Tagung leistete ebenfalls einen Beitrag zu dem Studienprojekt von Glauben und Kirchenverfassung über den apostolischen Glauben. [22]

Auf der Grundlage eines revidierten Textentwurfs, der im März/April 1986 vom Mitarbeiterstab anhand der Vorschläge von Stavanger ausgearbeitet worden war, kam der Leitungsausschuß der Studie über den apostolischen Glauben im Juli 1986 in West-Berlin/BRD zusammen, um die ökumenische Auslegung zu überarbeiten, weiterzuentwickeln und sie dann der Ständigen Kommission in Potsdam/DDR vorzulegen. [23]

1987-1990

Eine weitere Tagung des Leitungsausschusses fand im April 1987 in Paris/Frankreich statt, um den Entwurf der „Auslegung" abzuschließen und Anmerkungen und Vorschläge einzuarbeiten, die von Mitgliedern der Ständigen Kommission gemacht worden waren.

Auf ihrer Sitzung in Madrid/Spanien im August 1987 nahm die Ständige Kommission das Studiendokument *Den einen Glauben bekennen*[24] in seiner vorläufigen Fassung entgegen und billigte seine Veröffentlichung, die dann im Oktober desselben Jahres erfolgte. Es wurde den Mitgliedskirchen und der breiteren ökumenischen Gemeinschaft zum Studium und zur Stellungnahme zugestellt.

Im Zeitraum von 1987 bis 1990 gingen eine beträchtliche Anzahl von Reaktionen, Kommentaren und Vorschlägen beim Genfer Sekretariat ein, die von Theologen, ökumenischen Instituten, theologischen Fakultäten, Studiengruppen und Kommissionsmitgliedern aus aller Welt stammten. Parallel hierzu fand eine zweite Serie von internationalen Konsultationen — unter Bezugnahme auf das Studiendokument *Den einen Glauben bekennen* — in verschiedenen Teilen der Welt statt, mit Teilnehmern aus verschiedenen christlichen Traditionen, die entweder direkt auf den Text reagierten oder Vorschläge und Perspektiven vorbrachten zu Fragen, die sich auf die gegenwärtige Situation in der Welt und auf theologische Dialoge im besonderen beziehen:

— Porto Alegre/Brasilien, November 1987: Die Lehre von der Schöpfung und ihre Integrität — Eine Herausforderung an die Verantwortung der Christenheit heute[25]

— Rhodos/Griechenland, Januar 1988: Den gekreuzigten und auferstandenen Christus im heutigen sozialen, kulturellen und ethischen Kontext bekennen[26]

— Dublin/Irland, Mai 1988: Schöpfung und Reich Gottes. Diese zweite gemeinsame Konsultation der Untereinheiten „Glauben und Kirchenverfassung" und „Kirche und Gesellschaft" konzentrierte sich auf Fragen der Integrität der Schöpfung im Lichte der herausfordernden globalen Fragen im Kontext der Schöpfungstheologie und des Programms von „Kirche und Gesellschaft"[27]

— Pyatigorsk/UdSSR, November 1988: Ekklesiologie — Grundlegende ökumenische Perspektiven (wobei Ekklesiologie als gemeinsamer Faktor der drei Hauptstudienprojekte der Kommission für Glauben und Kirchenverfassung angesehen wurde: (i) der Prozeß von Taufe, Eucharistie und Amt, (ii) Apostolischer Glaube, und (iii) Einheit und Erneuerung)[28]

— Würzburg/BRD, Juni 1989: Ökumenische Überlegungen über den Heiligen Geist in Schöpfung, Kirche und Geschichte[29], auch im Blick auf das Hauptthema der Siebten Vollversammlung des ÖRK in Canberra/Australien, Februar 1991: „Komm, Heiliger Geist — erneuere die ganze Schöpfung".[30]

Auf ihrer Sitzung in Boston/USA im September 1988 wurde die Ständige Kommission von der Leitungsgruppe für die Studie über den apostolischen Glauben (die sich unmittelbar im Anschluß an die Rhodos-Tagung kurz getroffen hatte) über den Revisionsprozeß unterrichtet und nahm einen Bericht über die bisher erzielten Ergebnisse und die auf den drei internationalen Konsultationen unternommenen Arbeiten entgegen.[31]

Danach traf sich die Leitungsgruppe für die Studie über den apostolischen Glauben im März/April 1989 in Rom/Italien, um eine erste Auswertung der beim Genfer Sekretariat eingegangenen Vorschläge und Stellungnahmen zum Studiendokument *Den einen Glauben bekennen* vorzunehmen.

Das Plenum der Kommission, das im August 1989 in Budapest/Ungarn zusammenkam, hörte Berichte über den weiteren Verlauf des Revisionsprozesses und machte detaillierte Pläne für die weiteren Schritte. [32]

Das Jahr 1990 wurde dann ganz den Sitzungen der Leitungsgruppe für die Studie über den apostolischen Glauben gewidmet, um die Überarbeitung der drei Sektionen des Studiendokuments abzuschließen. Im Januar 1990, auf der Tagung in Oxford/England, wurde der erste Artikel und auf der Sitzung in Venedig/Italien im April 1990 wurden der zweite und dritte Artikel eingehend überarbeitet.

Schließlich nahm die Ständige Kommission auf ihrer Sitzung in Dunblane/Schottland im August 1990 die revidierte Fassung entgegen und billigte die offizielle Veröffentlichung des Dokuments in seiner neuen überarbeiteten Fassung unter dem Titel *Den einen Glauben bekennen*. Das Dokument wird den Kirchen zum weiteren Studium und zur Stellungnahme zugeschickt werden, zusammen mit einem Brief der Ständigen Kommission, um den Kirchen zu helfen, den Text im Rahmen ihrer ökumenischen Begegnungen besser zu verstehen und zu überprüfen. Um die Beteiligung an der Studie zum apostolischen Glauben zu erweitern, hat die Ständige Kommission auch die Vorbereitung eines (kurzen) „Studieninstruments" gebilligt, das bis 1992 erstellt werden soll.

Das Studiendokument *Den einen Glauben bekennen* wird auch auf der bevorstehenden Fünften Weltkonferenz für Glauben und Kirchenverfassung, die für 1993 vorgesehen ist, eine große Rolle spielen.

Viele Personen haben in den nahezu zehn Jahren an dem Studienprojekt über den apostolischen Glauben in unterschiedlicher Eigenschaft teilgenommen. Sie kamen aus verschiedenen Kirchen und Traditionen und haben ihr christliches Zeugnis und ihre Erfahrung in den Prozeß der Auslegung des apostolischen Glaubens in der heutigen ökumenischen Situation eingebracht. Ihr Beitrag ist von großem Wert, und falls das vorläufige Ziel der Studie erreicht worden ist, ist dies auch ihrer tiefen ökumenischen Verpflichtung für die Einheit der Kirche zu verdanken.

ANMERKUNGEN

1 Lambeth Quadrilateral 1888. S. *The Five Lambeth Conferences 1867-1908*, ed. by Randall T. Davidson, London, SPCK, 1920.

2 *Faith and Order Series No. 1* (1910), p. 4.

3 Cf. C. Patelos (ed.), *The Orthodox Church in the Ecumenical Movement*, WCC, Geneva, 1978, pp. 27-33.

4 Henry Bettenson (ed.), *Documents of the Christian Church*, London, Oxford University Press, 2nd ed. 1963, pp. 442f.

5 Vgl. besonders die Beiträge von A. Scott und J. E. Roberts in dem Bericht der Vorkonferenz in Genf, Schweiz (12.-20. August 1920), in: *A Pilgrimage Towards Unity*, in: Faith and Order Series No. 33 (1920), pp. 54-72.

6 L. Vischer, Hrsg., *Die Einheit der Kirche. Material der ökumenischen Bewegung*. München 1963, S. 35f.

7 Ibid., S. 42-46.

8 Ibid., S. 94. Das sog. „Lund-Prinzip".

9 P. C. Rodger und L. Vischer, Hrsg., *Montreal 1963. Bericht der Vierten Weltkonferenz für Glauben und Kirchenverfassung*. Zürich 1963, Sektion II: Schrift, Tradition und Traditionen, S. 42-53.

10 G. Müller-Fahrenholz, Hrsg., *Bangalore 1978*. Beiheft zur Ökumenischen Rundschau Nr. 35, Frankfurt/M. 1979, S. 51-60 und S. 233-237 („Der gemeinsame Ausdruck des apostolischen Glaubens").

11 H.-G. Link, Hrsg., *Schritte zur sichtbaren Einheit. Lima 1982*. Beiheft zur Ökumenischen Rundschau Nr. 45, Frankfurt/M. 1983, S. 64-79.

12 Auf dem Weg zu einem Bekenntnis des gemeinsamens Glaubens, in: H.-G. Link, Hrsg., *Gemeinsam glauben und bekennen. Handbuch zum Apostolischen Glauben*. Neukirchen/Paderborn 1987, S. 225-235.

13 L. Vischer, Hrsg., *Geist Gottes – Geist Christi. Ökumenische Überlegungen zur Filioque-Kontroverse*. Beiheft zur Ökumenischen Rundschau Nr. 39, Frankfurt/M. 1981.

14 *Towards the Common Expression of the Apostolic Faith*, FO/81:9 (August 1981), vervielfältigter Text.

15 Die ökumenische Bedeutung des Nizäno-Konstantinopolitanums, in: H.-G. Link, Hrsg., *Gemeinsam glauben und bekennen*, a. a. O., S. 316-330.

16 H.-G. Link, Hrsg., *Wurzeln unseres Glaubens. Glaube in der Bibel und in der Alten Kirche*. Frankfurt/M. 1985.

17 W. Müller-Römheld, Hrsg., *Bericht aus Vancouver 1983*. Frankfurt/M. 1983, S. 74f.

18 *Confessing Our Faith Around the World I*, C.S. Song (ed.), Faith and Order Paper No. 104, WCC, Geneva 1980; *Confessing Our Faith Around the World II*, H.-G. Link (ed.), Faith and Order Paper No. 120, WCC, Geneva 1983; *Confessing Our Faith Around the World III: The Caribbean and Central America*, H.-G. Link (ed.), Faith and Order Paper No. 123, WCC, Geneva 1984; *Confessing Our Faith Around the World IV: South America*, H.-G. Link (ed.), Faith and Order Paper No. 126, WCC, Geneva 1985.

19 H.-G. Link, Hrsg., *Gemeinsam glauben und bekennen*, a. a. O.

20 *Minutes of the Meeting of the Standing Commission, Crete 1984*, Faith and Order Paper No. 121, WCC, Geneva 1984, S. 25-27.

21 G. Gaßmann, Hrsg., *Glaube und Erneuerung. Stavanger 1985*. Beiheft zur Ökumenischen Rundschau Nr. 55, Frankfurt/M. 1986, S. 103-131.

22 *Minutes of the Meeting of the Standing Commission, Potsdam, GDR, 1986*, Faith and Order Paper No. 134, WCC, Geneva 1986, S. 25-27.

[23] Ibid., S. 41-42.
[24] *Den einen Glauben bekennen,* Faith and Order Paper No. 140, ÖRK, Genf 1988.
[25] *Die Lehre von der Schöpfung und ihre Integrität — Eine Herausforderung an die Verantwortung der Christenheit heute,* FO/87:39 (rev.) (Januar 1988), vervielfältigt.
[26] *Den gekreuzigten und auferstandenen Christus im heutigen sozialen, kulturellen und ethischen Kontext bekennen,* FO/88:5 (Dezember 1988), vervielfältigt.
[27] *Creation and the Kingdom of God,* D. Gosling & G. Limouris (Hrsg.), Church and Society Documents, No. 5 (August 1988).
[28] *Ekklesiologie — Grundlegende ökumenische Perspektiven,* FO/89:1 (April 1989), vervielfältigt.
[29] *Ökumenische Überlegungen zum Heiligen Geist in Schöpfung, Kirche und Geschichte,* FO/89:13A (Oktober 1989), vervielfältigt nur in englischer Sprache.
[30] *Komm, Heiliger Geist — erneuere die ganze Schöpfung. Material für die Sektionsarbeit — Thema, Unterthemen, Problembereiche,* ÖRK-Siebte Vollversammlung 1991, ÖRK (vervielfältigte Broschüre).
[31] Vgl. *Minutes of the Standing Commission 1988,* a. a. O.
[32] *Glauben und Kirchenverfassung 1985-1989. Die Tagung der Kommission in Budapest.* Beiheft zur Ökumenischen Rundschau Nr. 61, Hrsg. G. Gaßmann, Frankfurt/M. 1990.

Glossar

GENNADIOS LIMOURIS

Abba

Ein aramäisch-hebräisches Wort für „*Vater*", das auf ein sehr inniges Verhältnis zwischen Kind und Vater hinweist. Es wurde von Jesus in seiner Beziehung und seinem Gebet zu Gott verwendet und wurde für die jüdischen religiösen Autoritäten zur Zeit Jesu zum Anlaß von Ärgernis und Auseinandersetzung (vgl. Mk 14,36). Von den frühen Christen, die in der Nachfolge Christi durch den Heiligen Geist mit ihm verbunden waren, wurde diese Bezeichnung ebenfalls verwendet (s. Röm 8,15 und Gal 4,6).

Allmächtiger

Das griechische Äquivalent für diese Bezeichnung, „*Pantokrator*", das sich im ursprünglichen griechischen Text des Nizänischen Glaubensbekenntnisses findet und in Aufnahme vom griechischen Alten Testament (der Septuaginta) im Neuen Testament verwendet wird, bezeichnet Gottes Macht im Bewahren und Erhalten aller Dinge. Die ursprüngliche hebräische Bezeichnung „*Allmächtiger Herr*" = „*Adonai Sabaoth*" bedeutet, daß Gott mit seinen Kräften (Energien) die ganze Schöpfung weiter erhält. Diesem Verständnis ähnlich ist auch die Bezeichnung „allmächtig" (omnipotent). In keinem Fall sollte das Verständnis dieses Begriffs mit der Vorstellung von erdrückender Herrschaft verbunden werden.

Amen

Ein hebräisches Wort, das von Christen in allen Kontexten und Sprachen übernommen wurde. Es ist von der hebräischen Wurzel „*Wahrheit*" abgeleitet und bedeutet daher: wahrlich, wirklich. Normalerweise wird es in liturgischen Texten am Ende von Gesängen oder Gebeten verwendet und bezeichnet nicht nur eine Bekräftigung, sondern auch einen Wunsch: „es werde wahr" und „so sei es".

Apokatastasis

Dieser Begriff hat biblische Wurzeln (vgl. Mal 3,23 (LXX); Mk 9,12; Mt 17,11; Apg 1,6; 3,21). Ein griechisches Wort mit der Bedeutung „*Wiederherstellung*", das als Terminus technicus im Zusammenhang mit der christlichen Heilslehre und vor allem mit der Lehre von den letzten Dingen verwendet wird (vgl. Apg 3,21). Es ist auch verbunden mit der Theorie von der „endgültigen Wiederherstellung aller Dinge", „*apokatastasis ton panton*", die auch als „Universalismus" bekannt wurde, vor allem im Denken des Origines. Origenes' Verwendung dieses Begriffs gab ihm eine theologische Bedeutung. Die Vorstellungen von Heil waren spannungsreich. Es bestand nicht nur eine Spannung zwischen der individualistischen und universalistischen Auffassung, sondern auch zwischen dem Heil, das als ein radikaler Wechsel zum Besseren in völliger Diskontinuität mit den Erscheinungen gegenwärtigen Lebens angesehen wurde, und dem Heil, das als ein von Gottes Providenz geleiteter Prozeß verstanden wurde, in dem die Seele emporgeführt wird zur Teilhabe an göttlichem Leben selbst. Origenes' genialer Versuch bestand darin, die beiden Perspektiven durch die Bekräftigung zu verbinden, daß die gegenwärtigen Bedingungen der Existenz hinweggenommen werden sollen und daß das Leben der Seele Kontinuität in der Geschichte herstellt. Origenes' Lehre wurde jedoch von der Alten Kirche als Häresie verurteilt.

Apostolische Sukzession

Ein theologischer Terminus technicus, mit dem die geschichtliche Kontinuität im *geistlichen Amt* (vor allem im bischöflichen Amt, aber auch im presbyterialen Amt) bis zurück zu den Aposteln bezeichnet wird. Diese ist ganz eng verbunden mit der umfassenderen *„apostolischen Tradition"*, d. h. der geschichtlichen Kontinuität in Glauben, Leben und Sendung seit den Aposteln. Diese Konzeption ist mit viel Streit unter den Kirchen des Westens verbunden, besonders seit der Reformation, und sie bleibt ein Haupthindernis für die gegenseitige Anerkennung der Ämter in der geteilten Kirche.

Im Laufe der ökumenischen Bewegung sind Theologen zu der Erkenntnis zurückgekehrt, daß die apostolische Sukzession primär in der apostolischen Tradition der Kirche als ganzer manifestiert wird, wohingegen die apostolische Sukzession des Amtes dem dienen soll, von dem sie selbst ein Zeichen ist.

Apostolizität

„Apostolizität" bezieht sich auf eines der Kennzeichen der Kirche, die im Nizänischen Glaubensbekenntnis erwähnt werden; sie ist gegründet auf die Apostel und steht in Kontinuität mit ihnen (Eph 2,19ff). Der Begriff wurde in diesem Sinne von einer Reihe frühchristlicher Autoren benutzt, im besonderen von Tertullian und Augustin als ein Kriterium der Orthodoxie, aber es war die Reformation im 16. Jahrhundert, die ihm besondere Bedeutung beimaß, indem die römisch-katholische Kirche sich auf die apostolische Sukzession der Bischöfe konzentrierte und die Kirchen der Reformation auf die ursprüngliche und daher reine Form des christlichen Glaubens.

Apostolizität, im Sinne der Treue gegenüber dem Zeugnis der Apostel, ist ein Zeichen der Kirche und wird daher im ganzen Leben der Kirche zum Ausdruck gebracht, nicht nur in seiner organisatorischen Struktur.

Bund

„Bund" oder *„Testament"* („berith" im Hebräischen und „diathéke" im Griechischen) bezeichnen den Plan Gottes für seine Beziehung zu seinem Volk. Der Stifter des Bundes ist Gott der Vater, aber der eigentliche Bundesschluß wird durch Gottes Wort (Sohn) und in Gottes Geist vollzogen, obwohl auch menschliches Handeln daran beteiligt ist. Es gibt zwei grundlegende Bundesschlüsse (Röm 9,4; Gal 4,24; Eph 2,12; 2 Kor 2,14): der Alte Bund, der mit dem Volk Israel geschlossen wurde und dessen wichtigster Vermittler Mose war (vgl. Ex 3,7-10. 16; 14,31), und der Neue Bund, der den Alten Bund dadurch erfüllte und erweiterte, daß alle Völker und Nationen in ihn einbezogen wurden, und dessen einzigartiger Vermittler der Herr Jesus Christus ist (vgl. Hebr 8,6; 9,15; 12,24). Außer dem Bund mit Israel, durch Mose inauguriert, spricht das Alte Testament auch von einem Bund mit Abraham (vgl. Gen 12,7; 13,15; 15,18), in dem die Verheißung des Besitzes des Landes Kanaa eine zentrale Rolle spielt.

In diesem neuen universalen Bund ist Gottes Wort in Jesus Christus inkarniert und mit ihm identisch. Dieser Bund wurde durch das Vergießen seines Blutes ratifiziert (Lk 22,20; Mt 26,28; Mk 14,24; Hebr 9,20; 10,29; 13,20), und der Geist der Verheißungen Gottes wohnt in ihm und wird durch ihn geschenkt (Apg 2,33; Gal 3,14.22; Eph 1,13; 3,1-12, u.a.).

Charisma

Dieser Begriff basiert auf dem griechischen neutestamentlichen Begriff „charisma", der *„eine Gabe"* des Heiligen Geistes bezeichnet, die Christen zur Auferbauung der Gemeinde verliehen wird (vgl. Röm 11,29; 12,6; 1 Kor 1,7; 12,4.9.28. 30.31; 1 Tim 4,14; 1 Petr 4,10).

Christos-Kyrios

Die Verbindung der beiden Namensbezeichnungen *„Christus"* und *„Herr"* (Lk 2,11) sowie beider mit dem Namen „Jesus" ist im Neuen Testament sehr geläufig. Damit wird der Glaube der frühen Christen an die absolute und göttliche Autorität Jesu Christi wiedergegeben, zu der auch sein einzigartiger göttlich-menschlicher Status gehört.

Creator Spiritus

Diese lateinische Formel für *„Schöpfer Geist"* wird häufig von Theologen verwendet, um die Beteiligung des Heiligen Geistes an der Schöpfung und vor allem an der Schaffung von Leben zu betonen (vgl. Gen 1,2; Joh 6,63; Röm 8,11; 1 Kor 15,45).

Diakonia

Griechische neutestamentliche Bezeichnung für *„Amt"* oder *„Dienst"*, die im Zusammenhang mit dem christlichen Leben vielfältig angewandt wird und dabei dieses ganze Leben oder bestimmte Aspekte beschreibt. Christus selbst kam als ein „diakonos" (= Diakon), als ein Diener (Mt 20,27), und er forderte jeden seiner Jünger dazu auf, für alle Menschen ein solcher Diener zu sein (Mk 9,35). Paulus benutzte diesen Begriff sehr viel, und in einem Fall sprach er von den verschiedenen Arten der „diakonia" (1 Kor 12,5).

Eines Wesens

Dieser Begriff wird gewöhnlich für die Übersetzung des griechischen Begriffs *„homoousios"* (von „homos" = *gemeinsam* und „ousia" = *Wesen, Sein, Existenz)* aus dem Nizänischen Glaubensbekenntnis gebraucht. Er bedeutet, daß der Sohn oder das Wort Gottes nicht nur vom Vater ausgeht, sondern tatsächlich „eins im Wesen (Substanz)" ist oder seit aller Ewigkeit mit dem Vater ko-existierend (konsubstantiell) ist. Der Sohn entstand nicht nur aus dem Nichts (oder Nichtseienden), sondern es gab für ihn überhaupt kein Nichtsein (in Zeit oder Ewigkeit). Der Begriff „konsubstantiell" bezeichnet also die wahre und ewige Einheit im Wesen oder Sein des Sohnes mit dem Vater.

In der heutigen Theologie wird der Begriff „konsubstantiell" nicht mehr so häufig wie in der Vergangenheit gebraucht, weil „Substanz" nicht mehr dasselbe wie früher wiedergibt; heute wird statt dessen oft die Bezeichnung „eines Wesens" oder „ko-existierend" verwendet.

Epiklese

Ein griechischer Begriff mit der Bedeutung *„Anrufung"*, der immer mit dem christlichen Gebet zu Gott um die Gabe des Heiligen Geistes verbunden ist. Sein primärer Kontext, besonders für östlich-orthodoxe Christen, ist die Feier der Eucharistie und die eigentliche Konsekration der eucharistischen Gaben des Leibes und Blutes Christi zum gemeinsamen spirituellen Wohl der Teilnehmenden, und diese Bitte kommt nach der Anamnese (Einsetzungsworte).

In der ägyptischen *Anaphora* von Serapion gab es vor den Einsetzungsworten eine Bitte an den Sohn und den Geist, die Kirche für die Verkündigung des Evangeliums zu erleuchten und zu stärken, und eine Bitte nach den Einsetzungsworten für den *Logos,* auf die eucharistischen Gaben herabzukommen und die Teilnehmenden zu segnen.

In der römischen Anaphora gab es vor den Einsetzungsworten eine Bitte um Konsekration, die an den Vater gerichtet war, und eine andere nach der Anamnese, die um willige Annahme des ganzen Opfers durch den Vater bat, damit seine geistlichen

Wohltaten von den Anwesenden erfahren werden konnten: In keiner der Bitten wurde der Heilige Geist erwähnt. Römisch-katholische Reformen haben vor einiger Zeit eine pneumatische Epiklese vor und nach den Einsetzungsworten nach dem Vorbild der ägyptischen Struktur hinzugefügt.

Eschatologie – Eschatologisch

Ein griechischer Begriff, der das bezeichnet, was mit dem „eschaton" oder den „eschata" verbunden ist, d. h. mit den *letzten Dingen*, die im Zusammenhang mit dem „Ende" (im Griechischen „telos") der Menschheit und der Welt durch Gottes Handeln in und durch Christus bewirkt werden. Im Neuen Testament wird Christus „der letzte Adam" („eschatos Adam", 1 Kor 15,45) oder „der Erste und der Letzte" (Offb 1,11.17; 2,18; 22,13) genannt, insofern als er durch seinen Tod und seine Auferstehung in sich selbst Gottes letztgültigen Plan für die Menschheit und die Welt erfüllt hat. Der Zeitraum von seiner Himmelfahrt bis zu seiner Wiederkehr ist eschatologisch, weil er unter der Herrschaft des auferstandenen Christus steht, der seine letzte („eschatos") Bestimmung ist.

Ex nihilo

Ein lateinischer Begriff mit der Bedeutung *„aus dem Nichts".* In der christlichen Theologie bezieht er sich auf die Schöpfung der Welt und auf alles, was zu ihr gehört. Durch Gott wird alles vom Nicht-sein ins Sein gebracht (vgl. 2 Makk 7,28; Ps 32,9; Hebr 11,3; Röm 4,17).

Filioque

Ein lateinischer Begriff mit der Bedeutung *„und der Sohn",* der in der lateinischen westlichen Kirche dem dritten Artikel des Nizänischen Glaubensbekenntnisses hinzugefügt wurde. Dieser Zusatz wurde zum Anlaß der Kontroverse und Spaltung zwischen westlichen und östlichen Kirchen, die vom 9. Jahrhundert bis in die Gegenwart hinein andauert. Die Einfügung dieser Formel in das Credo wurde von der östlichen Kirche als eine Veränderung der ursprünglichen Lehre vom alleinigen Hervorgehen des Heiligen Geistes aus dem Vater (nach Joh 15,26) zu einer Lehre eines „doppelten Hervorgehens" verstanden, die gegen die traditionelle Lehre von der Trinität verstößt. Durch neuere theologische Gespräche von römisch-katholischen und protestantischen Christen mit orthodoxen Christen sind viele mit dem Streit über das „filioque" verbundene Fragen geklärt worden. Dennoch ist das Problem offiziell noch nicht gelöst worden, auch wenn einige Vertreter des „filioque"-Zusatzes zum Glaubensbekenntnis bereit sind, bei bestimmten ökumenischen Anlässen oder sogar generell diesen Zusatz fallen zu lassen. Die Altkatholiken haben den Zusatz aus dem liturgischen Gebrauch des Glaubensbekenntnisses gestrichen, finden ihn aber nicht notwendigerweise unzutreffend (d. h., er kann in korrekter Weise theologisch interpretiert werden, war aber eine einseitige Hinzufügung zu dem Glaubensbekenntnis).

Sechzehn Jahrhunderte sind seit dem Ökumenischen Konzil von Konstantinopel (381) verstrichen, auf dem das nizänisch-konstantinopolitanische Glaubensbekenntnis entstand. Von der Kirche als Ausdruck des gemeinsamen apostolischen Glaubens rezipiert, wurde es tragischerweise auch zu einer Quelle von Kontroversen und der Uneinigkeit.

Für einen Überblick über neuere Diskussionen zu diesem Thema vgl. Lukas Vischer (Hrsg.), Geist Gottes – Geist Christi. Ökumenische Überlegungen zur Filioque-Kontroverse, Beiheft zur Ökumenischen Rundschau Nr. 39, Frankfurt/M. 1981.

Gemeinschaft – Communio (Koinonia)

Dieser Begriff ist reich an Inhalt und an Assoziationen. Er wird verwendet in Verbindung mit der Trinität und mit der Beziehung der Christen zu Gott und zueinander *in, durch* und *mit* Christus und dem Heiligen Geist. Im wesentlichen bedeutet er *„miteinander teilen"*, *„teilhaben an"* oder *„gemeinsam haben".* Was die Trinität anbetrifft, so bedeutet Gemeinschaft, daß der Vater, der Sohn und der Heilige Geist immer in einer Gemeinschaft der Liebe da sind und handeln, obwohl sie verschieden sind. Die drei Personen haben alles gemeinsam, was der Vater dem Sohn gegeben hat, und all dies hat auch der Heilige Geist, weil er der Geist des Vaters ist, der immer im Sohn wohnt. Christliche Gemeinschaft (communio) ist auf menschlicher Ebene ein wahres Abbild der göttlichen Gemeinschaft und gründet sich auf die Vereinigung der göttlichen und menschlichen Wirklichkeit in Christus (1 Kor 1,9; 1 Joh 1.3.6.7). Ihre Quelle ist die Gemeinschaft mit dem lebendigen Christus durch sein Wort und Sakrament, besonders in der Eucharistie, die zutreffenderweise „heilige Kommunion" genannt wird (1 Kor 10,16; vgl. Apg 2,42). Entscheidend ist hier die Rolle des Heiligen Geistes, der die ganze Wirklichkeit des menschlichen Lebens tiefgreifend beeinflußt. Daher spricht das Neue Testament von der „Gemeinschaft des Heiligen Geistes" (2 Kor 13,13; Phil 2,1).

Gezeugt, nicht geschaffen

Diese Formulierung findet sich im zweiten Artikel des Glaubensbekenntnisses und wurde verwendet, um den Logos/Sohn Gottes, der Mensch wurde und als *„Jesus Christus, unser Herr"* erschien, von allen geschaffenen Wesen, Engeln oder Menschen, zu unterscheiden. In den ersten Jahrhunderten vor dem Ersten Konzil von Nizäa (325) war eine solche Unterscheidung noch nicht klar ausgesprochen worden, obwohl dieser Gedanke von den Theologen der Kirche vertreten wurde. Durch die im 4. Jahrhundert auftretende Irrlehre des Arianismus, der leugnete, daß Jesus Christus als Sohn und Wort Gottes wahrhaft Gott war, wurde die Kirche dazu veranlaßt, diese klare Unterscheidung zu definieren, durch die Christi wahre Gottheit bekräftigt wurde.

Göttliches Wesen

Wenn wir vom *göttlichen Wesen* oder von *Gottes Wesen* sprechen, meinen wir das, was Gott ist. Jüdische und christliche Theologen sind sich darin einig, daß Gottes Wesen, d.h. Gottes Sein, unfaßbar und in der Tat unerforschlich ist. Aussagen wie „Gott ist Licht, Geist, gut, Liebe . . ." verweisen auf das Wesen Gottes, sind aber nicht mit ihm identisch. Keine dieser Bezeichnungen oder Attribute, die traditionellerweise auf Gott angewendet werden, kann das göttliche Wesen voll erfassen oder in angemessener Weise definieren.

Der große jüdische Theologe Philo von Alexandrien (1. Jahrhundert), der viele der frühen Kirchenväter beeinflußt hat, brachte dies sehr zutreffend zum Ausdruck, als er sagte, daß Gott in bezug auf sein Wesen „anonym" (ohne Namen) ist, aber in bezug auf seine Eigenschaften, die mit seinem Handeln oder seinen Kräften verbunden sind, „polyonym" ist (viele Namen hat). Aus der mittelalterlichen westlichen Kirche ist eine christliche theologische Tradition hervorgegangen, die Gottes Attribute mit seinem göttlichen Wesen identifiziert. Doch auch diese Tradition hält daran fest, daß Gottes Wesen letztlich wie ein unerforschlicher Ozean ist. Selbst die Bekräftigung der Einheit des göttlichen Wesens ist ein Geheimnis, das sich weder nach numerischen noch nach generischen Kategorien menschlicher Vernunft definieren läßt.

Homologoumen

Ein griechisches Wort mit der Bedeutung *„wir bekennen",* das vom Verb „homologeo" = bekennen (wörtlich „ich wiederhole dieselben Worte" oder „bei demselben Glauben bleiben") herkommt. Sowohl im Neuen Testament als auch in der christlichen Tradition wird damit ein wesentlicher Akt der Christen innerhalb der Kirche bezeichnet.

Homoousios

Siehe *„Eines Wesens"*

Hypostasis

Siehe *„Person"*

Immanenz/Transzendenz

Diese beiden Begriffe sind in der christlichen Theologie im Zusammenhang mit dem Thema der Beziehung Gottes zur Welt angewandt worden, um seine Gegenwart in der Welt und sein Sein „jenseits" der Welt zu bezeichnen. In der traditionellen Theologie der Kirchenväter wird „Immanenz" mit Gottes Handeln in Schöpfung und Erlösung verbunden, während „Transzendenz" sich auf Gottes Wesen bezieht (vgl. „*Göttliches Wesen*"). Für Christen ist es wichtig, *sowohl* an Gottes Immanenz *als auch* an seiner Transzendenz festzuhalten, denn deren Trennung würde einen Rückfall in zwei Arten von Häresie bedeuten: Pantheismus (der Gott als in allen Dingen in der Welt gänzlich immanent erkennt) und gnostischer oder deistischer Dualismus (der Gott von der Schöpfung loslöst). Die erstere Irrlehre führt zur Idolatrie und die letztere zu transzendentalem Spiritualismus oder atheistischem Säkularismus.

Jungfräulichkeit der Maria

Daß Jesus Christus von der Jungfrau Maria geboren wurde, wird von Matthäus und Lukas und von allen Autoren in der Alten Kirche sowie vom Nizänischen Glaubensbekenntnis bezeugt. Von Anbeginn der christlichen Ära wurde die Jungfräulichkeit der Maria von den Theologen der frühen Kirche als Zeugnis für die göttliche Person Christi und für sein wahres Menschwerden ohne Aufgabe seines göttlichen Wesens verstanden. Sie wurde auch mit der Tatsache verbunden, daß Christus der zweite Adam (so Paulus) war, insofern als auch er, wie der erste Adam, keinen menschlichen Vater gehabt hatte (besonders bei Irenäus).

Katholiké

Eine griechische Bezeichnung („kath'olon") für *„katholisch"*, die im Nizänischen Glaubensbekenntnis als eines der vier wesentlichen Kennzeichen der Kirche verwendet wird (vgl. *„Katholizität"*).

Katholizität

Gemäß seiner ursprünglichen Wurzel („katholikotes") bedeutet dieses Wort *Ganzheit* im Unterschied zu *Partialität*. Es bezeichnet das Ganze oder die Ganzheit im Gegensatz zu einem Teil oder Teilen. Im geistlichen Bereich bezeichnet es neben Ganzheit auch Integrität und Vollkommenheit. In Anwendung auf die Kirche bewahrt es die Bedeutung von Ganzheit und Integrität, wird aber auch auf die Vorstellung von Universalität oder Ökumenizität ausgeweitet. So gehört zur Katholizität der Kirche nicht nur die Integrität der örtlichen Kirchen in einer weltweiten Gemeinschaft (Koinonia), sondern auch ihre auf dieser Integrität beruhende innere Einheit und Zusammengehörigkeit.

Kenosis

Ein wichtiger griechischer Begriff mit der Bedeutung *„Entäußerung"* oder Leere. Er stammt aus der entscheidenden paulinischen Aussage über Christus in Phil 2,7: „Obwohl er (Jesus Christus) in göttlicher Gestalt war, ... entäußerte er sich selbst („ekénosen") und nahm Knechtsgestalt an, wurde den Menschen gleich und durch seine ganze Erscheinung als Mensch erwiesen." Dieser Begriff wurde von vielen frühen Kirchenvätern, besonders von Cyrill von Alexandrien, zur Auslegung der Inkarnation gebraucht. Im 19. Jahrhundert wurde der Begriff auch von vielen protestantischen, vor allem lutherischen, Theologen aufgegriffen, die unter der Bezeichnung „kenotische Christologie" ihre spezifischen Auffassungen über Christus vertraten.

Koinonia

Siehe „Gemeinschaft"

Leitourgia – Liturgie

Ein griechischer Begriff, der häufig mit „Liturgie" oder „Dienst" übersetzt wird. Er wird besonders in bezug auf den Gottesdienst und die Feier der Eucharistie (heiliges Abendmahl) verwendet. In seiner ursprünglichen griechischen Form bedeutet er „Dienst/Funktion" („ergon") des Volkes („laos"). Im christlichen Kontext bezieht er sich sowohl auf die eucharistische Funktion der örtlichen Gemeinde als auch auf seine sozialen Auswirkungen innerhalb der christlichen Gemeinschaft. Im Neuen Testament werden Christus, die Apostel, christliche Leiter und die Gläubigen alle als Diener/Liturgiker („leitourgoi") bezeichnet, deren Liturgien sich voneinander unterscheiden, aber in jedem Fall miteinander verbunden und koordiniert sind. Eng verbunden, ja sogar gleichgesetzt mit diesem Begriff ist der Begriff „diakonia" (siehe in diesem Glossar), wie z. B. in 2 Kor 9,12.

Logos

Eins der berühmtesten und bedeutungsvollsten griechischen Worte mit der Bedeutung „Wort", im Prolog zum Johannesevangelium auf Jesus Christus, Gottes Sohn, angewandt (vgl. Joh 1,1). Kein anderer Begriff ist in der Alten Kirche und später in der klassischen patristischen Theologie im Zusammenhang mit den Lehren von Christus und vom Heiligen Geist so ausgiebig verwendet worden. Jesus Christus wurde in der klassischen christlichen Theologie als der ewige Logos (Wort) Gottes (Joh 1,1) verstanden, der zur Erlösung der Menschheit Fleisch/ Mensch wurde (Joh 1,14). Die christliche Theologie hat vom Logos Gottes in Gott, in der Schöpfung, im Menschen und in der Erlösung gesprochen.

Messias

Das hebräische Wort „Messias" bedeutet „der Gesalbte" (Gottes) – Christos –, dessen Kommen die große Erwartung des jüdischen Volkes ist. Im Alten Testament findet man die Ursprünge des Begriffs in dem Gedanken, Personen für bestimmte Aufgaben zu salben (1 Sam 24,6; Lev 4,3ff; Jes 45,1; 61,1; 1 Kön 19,16; Ps 89,38). Im Neuen Testament ist der Begriff dazu benutzt worden, das christliche Verständnis von der Identität und dem Sendungsauftrag Jesu zu verdeutlichen (Mk 8,29;

Apg 2,36). Die christliche Bedeutung des Begriffs geht insofern über die des hebräischen hinaus, als damit bekräftigt wird, daß Jesus nicht nur als „der Gesalbte" der Messias ist, sondern auch als „der Salbende". Athanasius von Alexandrien drückt dies so aus: „Er als Gott salbte sich selbst als Mensch, damit sein menschliches Salben an alle Menschen weitergegeben werden kann."

Der messianische Glaube war ein Aspekt des eschatologischen Glaubens im Judentum. Die zukünftige Hoffnung gehört zu seinen wesentlichen Grundzügen, aber die Stellung und die Bedeutung des Messias in diesen Hoffnungen waren sehr unterschiedlich. Zwei konstante Elemente in der eschatologischen Hoffnung waren die Erwartung, daß es eine Zeit der Drangsal vor dem Kommen des neuen Zeitalters geben werde, und die Erwartung, daß Gottes Herrschaft auf Erden errichtet würde. Nicht jeder Text weist dem Messias in diesem Prozeß eine besondere Bedeutung zu.

Millenarismus

Abgeleitet von *„millenium"*, was *„tausend Jahre"* bedeutet. Diese Bezeichnung bezieht sich auf diejenigen in der Alten Kirche, die buchstäblich daran glaubten, daß Christus wiederkehren und tausend Jahre auf Erden herrschen würde! Diese Auffassung wurde im Laufe der Kirchengeschichte (vgl. z.B. Joachim von Fiore) und auch heute von einigen Gruppen, einschließlich der Zeugen Jehovas, wieder neu aufgegriffen.

Mysterium

Das neutestamentliche Verständnis dieses Wortes läßt sich durch die Formulierung *„offenes Geheimnis"* wiedergeben. Es bezeichnet eine Wahrheit, die offenbart ist, sich aber dem völligen Verstehen entzieht. Zu solchen Wahrheiten gehören Gottes Wesen (offenbart durch seine Taten); Jesus Christus als das Wort/der Sohn Gottes, der Mensch wurde, ohne aufzuhören, Gott zu sein; die durch Christus vollendete und von den Christen erfahrene Erlösung; und die Identität der Kirche als zugleich göttlich und menschlich.

Zur weiteren Beschreibung und Entfaltung des Themas „Mysterium" in bezug auf Ekklesiologie, siehe G. Limouris (ed.), „Church – Kingdom – World. The Church as Mystery and Prophetic Sign", Faith and Order Paper No. 130, WCC, Geneva 1986.

Ökonomie – göttlicher Heilsplan

Der griechische Begriff *„Ökonomie"* (von „oikonomia"), wie er ursprünglich von Paulus gebraucht wurde (vgl. 1 Kor 9,17; Eph 1,10; 3,2-9; Kol 1,25 und 1 Tim 1,4), bezeichnet den ganzen *Heilsplan,* wie er von Gott in Jesus Christus offenbart und ausgeführt worden ist. Der Begriff wurde von den Theologen der frühen Kirche ausgiebig verwendet zur Bezeichnung der Inkarnation des Gottessohnes und all ihrer weitreichenden Folgen für die Erlösung der Menschheit und die Wiederherstellung der Ordnung („nomos") in Gottes Schöpfung („oikos"). In dieser Hinsicht wurde er vom Begriff „theologia" unterschieden, der sich auf Gottes Wesenseinheit in der Trinität von Vater, Sohn und Heiligem Geist bezog.

Örtliche/universale Kirche

Siehe *„Katholizität"*

Pantokrator

Siehe *„Allmächtiger"*

Person (Hypostase)

Dieser ursprünglich lateinische Begriff *„persona"* wurde in den ersten Jahrhunderten auf den Vater oder/und den Sohn oder/und den Heiligen Geist angewandt. Ab Ende des ersten christlichen Jahrhunderts wurde der Begriff allgemein verwendet und bedeutete einfach ein individuelles menschliches Wesen. „Persona" war das natürliche lateinische Äquivalent des griechischen „prosopon", das selbst „menschliches Individuum" bedeuten konnte, aber dessen durchgängigste Bedeutung „Antlitz" oder „Gesicht" war. „Persona" wurde in das theologische Vokabular als Folge seiner Übersetzung für „prosopon" aufgenommen.

Tertullian gab dem Begriff „Person" seine technische Bedeutung in trinitarischen und christologischen Überlegungen. Er lehrte, daß es im christlichen Gottesverständnis eine Aufteilung (dispensatio) zwischen drei Personen gab und daß dies nicht zuzugeben bedeutete, daß man dem Irrtum des „Monarchianismus" verfiel und damit praktisch die Offenbarung Gottes in Christus leugnete. Der Monarchianismus leugnete die Trinität der Personen und identifizierte Vater, Sohn und Heiligen Geist als *einen Gott* und *eine Person*. Diese Richtung nahm zwei Formen an, die bekannt wurden als dynamistischer Monarchianismus, vertreten durch Paulus von Samosata, und modalistischer Monarchianismus, vertreten durch den größten Systematiker, den Häretiker Sabellius. Ab Ende des 4. Jahrhunderts und nach der Verurteilung des Arianismus wurde unter den Orthodoxen allgemein anerkannt, daß das christliche Gottesverständnis von einem Wesen („ousia", Substanz, Sein) in drei Personen („hypostasis") ausgeht. Durch die Klärung dieser Begriffe bekräftigten die Christen somit gleichzeitig die Einheit und die Trinität Gottes. Heute stehen die Theologen erneut vor dem Problem, diese Begriffe zu klären, weil sie im zeitgenössischen säkularen Sprachgebrauch unterschiedliche Bedeutungen angenommen haben.

Ru'ah

Hebräischer Begriff für das Wort *Geist* – vor allem für den *Geist Gottes*.

Shechinah

Mit diesem hebräischen Wort wird der *„Gnadenstuhl"* im Allerheiligsten des jüdischen Heiligtums bezeichnet, wo die Herrlichkeit („Kabodh" auf Hebräisch) Gottes ruhte und offenbart wurde. In der christlichen Kirche ist diese Vorstellung durch die Gegenwart Christi ersetzt worden und findet im Leben der Kirche ihren angemessensten Ausdruck in Wort und Sakrament (vgl. Ex 25,17; Röm 3,25; Hebr 9,5ff).

Soteriologisch

Griechisches Wort zur Bezeichnung dessen, was in Verbindung zur *Erlösung* steht („soteria" auf Griechisch). Es bezeichnet auch alles, was in irgendeiner Weise Heilsbedeutung hat.

Spiritualität

Ein Begriff, der heute häufig in ökumenischen Diskussionen benutzt wird und der auf Ausdrucksformen des christlichen Lebens wie *Gottesdienst, Gebet* und *Frömmigkeit* hinweist. Er ist besonders auf die verschiedenen Lebensformen von Asketen anwendbar. Allgemein bezieht er sich auf „das Leben des Geistes" oder „Leben in Christus".

Theodizee

Ein griechischer Begriff mit der Bedeutung *„Gott vor Gericht stellen".* Ein klassisches biblisches Beispiel für Theodizee ist in der Geschichte des Hiob zu finden. Im allgemeinen bezieht sich der Begriff auf die Frage, warum es trotz eines guten und liebenden Gottes Böses und Leiden in der Welt gibt.

Theos – Kyrios

Zwei griechische Begriffe, die in der Bibel häufig zusammen auftreten als Bezeichnung für *„Gott, der Herr"* oder den *„Herr-Gott".*

Theotokos (Gottesmutter, Jungfrau Maria)

Ein griechischer Begriff mit der Bedeutung *„Gottesgebärerin"* oder *„Gottesmutter"* auf die Jungfrau Maria angewandt. Er wurde in der frühen Kirche vom 2. Jahrhundert an ausgiebig verwendet, wurde aber zu Beginn des 5. Jahrhunderts zum Anlaß einer Kontroverse. Nestorius von Konstantinopel behauptete im Jahr 428/429, die Jungfrau Maria könne nicht „Theotokos" genannt werden, weil sie den Menschen Jesus und nicht den Sohn/Logos Gottes gebar, der entsprechend dem ursprünglichen Text des Nizänischen Glaubensbekenntnisses von 325 vor aller Zeit aus dem Vater geboren wurde. Cyrill von Alexandrien machte geltend, daß diese Bezeichnung entgegen der Erklärung von Nestorius auf die Jungfrau anzuwenden sei, die nicht bloß einen Menschen (Jesus), sondern den ewigen Sohn Gottes gebar, der selbst auch Mensch wurde, indem er persönliche menschliche Gestalt von seiner jungfräulichen Mutter annahm.

Das Dritte Ökumenische Konzil von Ephesus (431-433) verurteilte Nestorius und seine Auffassung und machte den Begriff „Theotokos" neben dem nizänischen Begriff „homoousios" zum Kennzeichen der orthodoxen Christologie. Dieselbe Lehre wurde vom Vierten (451), Fünften (553), Sechsten (680/681) und Siebten (787) Ökumenischen Konzil bestätigt. Eine übertriebene Verehrung der Jungfrau Maria und das Aufblühen der lateinisch mittelalterlichen Mariologie veranlaßten einige Reformatoren und ihre Nachfolger dazu, eine kritische oder differenzierte Haltung gegenüber der Mariologie einzunehmen. Gegenwärtige ökumenische Gespräche tragen dazu bei, die alten Fragen zu klären und zu einem ausgewogeneren Verständnis des Begriffs „Theotokos" zu gelangen.

Tora

Hebräisches Wort für „*Gesetz*", das sich im allgemeinen auf den Pentateuch, die ersten fünf Bücher des Alten Testaments, sowie auf die gesamte religiöse Tradition des Judentums bezieht.

Typos

Ein griechisches Wort für „*Modell*" oder auch „*Prototyp*".

Bibliographie

Diese kurze Bibliographie verweist auf Veröffentlichungen von Glauben und Kirchenverfassung zu dem Studienprojekt über den apostolischen Glauben oder auf ihm verwandte Themen. Wir bitten um Verständnis dafür, daß wir eine Auswahl treffen mußten. GL

Towards a Confession of the Common Faith, P. Duprey and L. Vischer (eds.), Faith and Order Paper No. 100, WCC, Geneva 1980.

Vers une profession de foi commune, Document de Foi et constitution no. 100, COE, Genève 1980.

Auf dem Weg zu einem Bekenntnis des gemeinsamen Glaubens, Ökumenische Rundschau, 29/3 (1980), 367-376.

Confessing Our Faith Around the World I, C. S. Song (ed.), Faith and Order Paper No. 104, WCC, Geneva 1980.

Spirit of God – Spirit of Christ: Ecumenical Reflections on the Filioque Controversy, L. Vischer (ed.), Faith and Order Paper No. 103, WCC, Geneva 1981.

La théologie du Saint-Esprit dans le dialogue entre l'Orient et l'Occident sous la direction de L. Vischer, Le Centurion/Les Presses de Taizé 1981.

Geist Gottes – Geist Christi. Ökumenische Überlegungen zur Filioque-Kontroverse, Hrsg. L. Vischer, Beiheft zur Ökumenischen Rundschau 39, Frankfurt/M. 1981.

Does Chalcedon Divide or Unite? Towards Convergence in Orthodox Christology, P. Gregorios, W. H. Lazareth and N. A. Nissiotis (eds.), WCC, Geneva 1981.

Towards Visible Unity. Commission on Faith and Order, Lima 1982. Vol. I: Minutes and Addresses, Section V: Towards the Common Expression of the Apostolic Faith Today, M. Kinnamon (ed.), Faith and Order Paper No. 113, WCC, Geneva 1982, 3-119.

Schritte zur sichtbaren Einheit. Lima 1982. Sitzung der Kommission für Glauben und Kirchenverfassung, Hrsg. H.-G. Link, Beiheft zur Ökumenischen Rundschau 45, Frankfurt/M. 1983.

W. Pannenberg, *Die Bedeutung des Bekenntnisses von Nizäa-Konstantinopel für den ökumenischen Dialog heute,* Ökumenische Rundschau 31/2 (1982), 129-140.

W. Pannenberg und K. Lehmann, Hrsg., *Glaubensbekenntnis und Kirchengemeinschaft: Das Modell des Konzils von Konstantinopel (381),* Freiburg 1982.

Y. Congar, *Diversité et Communion,* Coll. Cogitatio Fidei No. 112, Paris 1982.

Confessing Our Faith Around the World II, H.-G. Link (ed.), Faith and Order Paper No. 120, WCC, Geneva 1983.

E. Timiadis, *The Nicene Creed. Our Common Faith,* Fortress Press, USA, 1983.

The Roots of Our Common Faith: Faith in the Scriptures and in the Early Church, H.-G. Link (ed.), Faith and Order Paper No. 119, WCC, Geneva 1984.

Wurzeln unseres gemeinsamen Glaubens. Glaube in der Bibel und in der Alten Kirche, Hrsg. H.-G. Link, Frankfurt/M. 1985.

Confessing Our Faith Around the World III: The Caribbean and Central America, H.-G. Link (ed.), Faith and Order Paper No. 123, WCC, Geneva 1984.

Y. Congar, *Diversity and Communion,* SCM Press, London 1984.

Apostolic Faith Today – A Handbook for Study, H.-G. Link (ed.), Faith and Order Paper No. 124, WCC, Geneva 1985.

Gemeinsam glauben und bekennen – Handbuch zum Apostolischen Glauben, Hrsg. H.-G. Link, Neukirchen-Vluyn/Paderborn 1987.

Confessing Our Faith Around the World IV: South America, H.-G. Link (ed.), Faith and Order Paper No. 126, WCC, Geneva 1985.

G. Voss, *Auf dem Weg zu einem gemeinsamen Ausdruck des apostolischen Glaubens heute: ein Studienprojekt,* Una Sancta 40 (1985), 2-14.

J. M. R. Tillard, *Eglise et Eglises,* Paris 1985.

Faith and Renewal. Commission on Faith and Order. Stavanger 1985, T. F. Best (ed.), Faith and Order Paper No. 131, WCC, Geneva 1986, 107-165.

Glaube und Erneuerung. Stavanger 1985, Sitzung der Kommission für Glauben und Kirchenverfassung, Hrsg. G. Gaßmann, Beiheft zur Ökumenischen Rundschau 55, Frankfurt/M. 1986, 82-131.

Foi et constitution. Conférence de Stavanger 1985, Istina, 31/1 (1986), 50-137.

G. Gaßmann, *Towards the Common Confession of the Apostolic Faith,* One in Christ 21 (1985), 226-237.

Church – Kingdom – World. The Church as Mystery and Prophetic Sign, G. Limouris (ed.), Faith and Order Paper No. 130, WCC, Geneva 1986.

J.M.R. Tillard, *Koinonia – Sacrament,* One in Christ 2 (1986), 104-114.

Apostolizität und Ökumene, Hrsg. Reinhard Rittner, mit Beiträgen von E. H. Amberg, G. Gaßmann, A. Peters und J. Roloff, Hannover 1987.

G. Limouris, *The Church: A Mystery of Unity in Diversity,* St Vladimir's Theological Quarterly 31/2 (1987), 123-142.

Confessing One Faith, „Towards an Ecumenical Explication of the Apostolic Faith as Expressed in the Nicene-Constantinopolitan Creed (381)", Faith and Order Paper No. 140, WCC, Geneva 1987.

Den einen Glauben bekennen, „Auf dem Weg zu einem gemeinsamen Ausdruck des Apostolischen Glaubens auf der Grundlage des Glaubensbekenntnisses von Nizäa-Konstantinopel (381)", Faith and Order Paper No. 140, ÖRK, Genf 1988.

Confesser la foi commune, „Vers une explication oecuménique de la foi apostolique exprimée dans le Symbole de Nicée-Constantinople (381)", Document de Foi et constitution no. 140, COE, Genève 1988.

Towards an Ecumenical Explication of the Apostolic Faith as Expressed in the Nicene-Constantinopolitan Creed (381), transl. into Arabic by T. Mitri, Middle East Council of Churches, Beirut 1989.

A. Gonzáles Montes, *La fe apostólica,* Diálogo Ecuménico 22 (1987), 357-363.

J. M. R. Tillard, *L'universel et le local,* Irénikon 60 (1987), 483-494.

M. F. G. Parmentier, *Gemeinsames Bekenntnis als Voraussetzung konziliarer Gemeinschaft der Kirchen,* Internationale Kirchliche Zeitschrift 77 (1987), 209-222.

Confessing One Faith. A Guide for Ecumenical Study, Commission on Faith and Order, National Council of Churches of Christ, Cincinnati, Ohio, USA 1988.

Creation and the Kingdom of God. Consultation with Faith and Order, D. Gosling and G. Limouris (eds.), Church and Society Documents, No. 5 (August 1988).

J. Gros, *The Pilgrimage Towards Common Confession,* Ecumenical Trends 17 (1988), 121-123.

T.F. Torrance, *The Trinitarian Faith,* T.&T. Clark Ltd, Edinburgh 1988.

Apostolic Faith in America, Th. D. Horgan (ed.), Commission on Faith and Order, NCCC/USA, Grand Rapids 1988.

Black Witness to the Apostolic Faith, D.T. Shannon and G.S. Wilmore (eds.), Commission on Faith and Order, NCCC/USA, Grand Rapids 1988.

One God – One Lord – One Spirit. On the Explication of the Apostolic Faith Today, H.-G. Link (ed.), Faith and Order Paper No. 139, WCC, Geneva 1988.

Ein Gott – ein Herr – ein Geist. Zur Auslegung des apostolischen Glaubens heute, Hrsg. H.-G. Link, Beiheft zur Ökumenischen Rundschau 56, Frankfurt/M. 1987.

J. Maraschin, *O Espelho e a Transparência, O Credo Niceno-Konstantinopolitano e a teologia latino-americana,* Rio de Janeiro 1989.

R. Schäfer, *Die Einheit der Kirche im Studiendokument „Den einen Glauben bekennen",* Ökumenische Rundschau 38/1 (1989), 47-61.

H. Schütte, *Auf dem Weg zu einem gemeinsamen Ausdruck des apostolischen Glaubens heute,* Catholica 43 (1989), 209-230.

J.M.R. Tillard, *Confesser ensemble la foi apostolique,* Documentation Catholique 86 (1989), 967-970.

G. Limouris, *The Integrity of Creation in a World of Change Today,* Theologia 61/1-2 (1990), 3-30.

J.M.R. Tillard, *Spirit, Reconciliation, Church,* The Ecumenical Review 42/3-4 (1990), 237-249.

Papers presented on „Confessing the Apostolic Faith Together" from different perspectives at the Faith and Order Commission, Budapest, Hungary, August 1989 (by J.M.R. Tillard, Ursula Radke, Lorna Khoo), *Faith and Order 1985-1989. The Commission Meeting at Budapest 1989,* T.F. Best (ed.), Faith and Order Paper No. 148, WCC, Geneva 1990, 104-126.

Glauben und Kirchenverfassung 1985-1989. Die Tagung der Kommission in Budapest, Hrsg. G. Gaßmann, Beiheft zur Ökumenischen Rundschau 61, Frankfurt/M. 1990.

Baptism, Eucharist and Ministry 1982-1990. Report on the Process and Responses, Faith and Order Paper No. 149, WCC, Geneva 1990.

Die Diskussion über Taufe, Eucharistie und Amt 1982-1990, Frankfurt/M. und Paderborn 1990.

Come, Holy Spirit – Renew the Whole Creation. An Orthodox Approach, G. Limouris (ed.), Holy Cross Press, Brookline/MA, USA, 1990.

Justice, Peace and Integrity of Creation. Orthodox Insights, G. Limouris (ed.), WCC, Geneva 1990.

Icons – Windows on Eternity. Theology and Spirituality in Colour (at the occasion of the 1200th anniversary of the Seventh Ecumenical Council in 1987), G. Limouris (ed.), Faith and Order Paper No. 147, WCC, Geneva 1990.

G. Limouris, *Confessing Christ Yesterday and Today: A Christological Exploration,* Orthodoxes Forum I (1991), 23-30.

For further bibliographical references see: *Dictionary of the Ecumenical Movement,* N. Lossky, J. Miguez-Bonino, J. S. Pobee, T. F. Stransky, G. Wainwright, P. Webb (eds.), WCC/Geneva and William B. Eerdmans, Grand Rapids 1991.

Teilnehmer/innen an Konsultationen zur Studie über den apostolischen Glauben

Viele Personen haben in unterschiedlicher Eigenschaft zu dieser Studie beigetragen. Unter ihnen seien besonders diejenigen genannt, die von Januar 1981 bis Dezember 1990 an einer Reihe von internationalen Konsultationen und Tagungen der Kommission für Glauben und Kirchenverfassung teilgenommen haben. Sie waren auch beteiligt an der Erarbeitung des vorliegenden Dokuments, sei es als Mitglieder der Kommission für Glauben und Kirchenverfassung, der Leitungsgruppe für die Studie über den apostolischen Glauben oder als Berater.

* * * * * * *

Ständige Kommission für Glauben und Kirchenverfassung, Annecy/Frankreich, 3.-10. Januar 1981

Arbeitsgruppe über „Auf dem Weg zu einem gemeinsamen Ausdruck des apostolischen Glaubens heute":

P. Prof. J. M. R. Tillard OP (Römisch-katholische Kirche), Kanada – Vorsizender
Prof. Ivar Asheim (Kirche von Norwegen), Norwegen
Protopresbyter Prof. Vitaly Borovoy (Russische Orthodoxe Kirche), UdSSR/Schweiz
Prof. John Deschner (Vereinigte Methodistische Kirche), USA
Prof. Dr. Anton Houtepen (Römisch-katholische Kirche), Niederlande
Prof. Keiji Ogawa (Vereinigte Kirche Christi in Japan), Japan

Stab: Pfr. Dr. William H. Lazareth (Lutherische Kirche in Amerika)
Pfr. Dr. Hans-Georg Link (EKD: uniert)

Konsultation über „Auf dem Weg zu einem gemeinsamen Ausdruck des apostolischen Glaubens heute", Chambésy/Schweiz, 28. Juni-4. Juli 1981

Metropolit Dr. Damaskinos von Tranoupolis (Ökumenisches Patriarchat), Schweiz
Prof. John Deschner (Vereinigte Methodistische Kirche), USA
Prinzipal Sigqibo Dwane (Kirche der Provinz von Südafrika, anglikanisch), Südafrika
Dr. Adolfo Ham (Presbyterianisch-reformierte Kirche), Kuba
Prof. Gerassimos Konidaris (Kirche von Griechenland), Griechenland
(† Oktober 1987)
Prof. Ulrich Kühn (Bund der Evangelischen Kirchen in der DDR: lutherisch), DDR

Prof. Gregor Larentzakis (Griechisch-orthodoxe Erzdiözese von Österreich/ Ökumenisches Patriarchat), Österreich
Pfr. Dr. John Mbiti (Schweizerischer Evangelischer Kirchenbund), Schweiz
Prof. Wolfhart Pannenberg (EKD: lutherisch), BRD
P. Prof. Samuel Rayan (Römisch-katholische Kirche), Indien
Pfr. Dr. William G. Rusch (Lutherische Kirche in Amerika), USA
Frère Max Thurian (Reformierte Kirche in Frankreich), Frankreich
P. Prof. J.M.R. Tillard OP (Römisch-katholische Kirche), Kanada

Stab: Pfr. Dr. William H. Lazareth
     Pfr. Dr. Hans-Georg Link
     Frau Renate Sbeghen, Verwaltungsassistentin

Konsultation über „Die ökumenische Bedeutung des Nizänischen Glaubensbekenntnisses", Odessa/UdSSR, 9.-15. Oktober 1981

Bischof Mesrob Ashjian (Armenische Apostolische Kirche von Amerika), Libanon/USA
Prof. Robert W. Bertram (Lutherische Kirche – Missouri-Synode), USA
Frau Dr. Ellen Flesseman-van Leer (Reformierte Kirche der Niederlande), Niederlande
P. René Girault (Römisch-katholische Kirche), Frankreich
Erzpriester Prof. Thomas Hopko (Orthodoxe Kirche in Amerika), USA
Dr. Yoshiro Ishida (Lutherischer Weltbund), Schweiz
Prof. Gerassimos Konidaris (Kirche von Griechenland), Griechenland
    († Oktober 1987)
Prof. Nicolas Lossky (Russische Orthodoxe Kirche), Frankreich
P. Leonid Nedaikhlebov (Russische Orthodoxe Kirche), UdSSR
Dr. Kjell Ove Nilsson (Kirche von Schweden), Schweden
Pfr. Dr. Timothy Njoya (Presbyterianische Kirche von Ostafrika), Kenia
Erzpriester Victor Petlychenko (Russische Orthodoxe Kirche), UdSSR
Prof. Nikolaij Poltoratsky (Russische Orthodoxe Kirche), UdSSR
Prof. V.C. Samuel (Orthodoxe Syrische Kirche des Ostens), Indien
Dr. Martin Seils (Bund der Evangelischen Kirchen in der DDR: lutherisch), DDR
Prof. Josef Smolik (Evangelische Kirche der Böhmischen Brüder), Tschechoslowakei
Erzpriester Prof. Livery Voronov (Russische Orthodoxe Kirche), UdSSR
Prof. Günter Wagner (Baptistische Kirche), Schweiz
Prof. Geoffrey Wainwright (Methodistische Kirche von Großbritannien), USA

Stab: Pfr. Dr. Hans-Georg Link
     Frau Renate Sbeghen

Tagung der Kommission für Glauben und Kirchenverfassung, Lima/Peru, 2.-15. Januar 1982

Das Plenum der Kommission und die Arbeitsgruppen diskutierten und nahmen die Pläne zur Studie über den apostolischen Glauben an.

Konsultation über „Der apostolische Glaube in der Heiligen Schrift und in der Alten Kirche", Rom/Italien, 1.-8. Oktober 1983

P. Prof. Raymond E. Brown (Römisch-katholische Kirche), USA

Frau Pfr. Janet Crawford (Kirche der Provinz Neuseeland, anglikanisch), Neuseeland

Prof. John Deschner (Vereinigte Methodistische Kirche), USA

Prof. Kwesi Dickson (Methodistische Kirche), Ghana

Frau Dr. Ellen Flesseman-van Leer (Reformierte Kirche der Niederlande), Niederlande

Pfr. Dr. Günther Gaßmann (EKD: lutherisch), Schweiz

Prof. E. Glenn Hinson (Südlicher Baptistenkonvent), USA

Mgr. Prof. Aloys Klein (Römisch-katholische Kirche), Vatikan

Prof. Georg Kretschmar (EKD: lutherisch), BRD

Dom Emmanuel Lanne OSB (Römisch-katholische Kirche), Belgien

Dr. Jorge Pantelis (Methodistische Kirche), Bolivien

Pfr. Dr. Horace O. Russell (Baptistenbund von Jamaika), Jamaika

Prof. V. C. Samuel (Orthodoxe Syrische Kirche des Ostens), Indien

Prof. Günter Wagner (Baptistische Kirche), Schweiz

Prof. Geoffrey Wainwright (Methodistische Kirche von Großbritannien), USA

Prof. Michael Wyschogrod (Jüdische Gemeinschaft), USA

Prof. John D. Zizioulas (Ökumenisches Patriarchat), Schottland

Stab: Archimandrit Dr. Gennadios Limouris (Ökumenisches Patriarchat)

Pfr. Dr. Hans-Georg Link

Prof. Todor Sabev (Orthodoxe Kirche von Bulgarien), Vorsitzender der ÖRK-Programmeinheit I

Frère Max Thurian

Frau Renate Sbeghen

Tagung der Ständigen Kommission, Kreta/Griechenland, 6.-14. April 1984

Ernennung der Leitungsgrupe für die Studie über den apostolischen Glauben

P. Prof. J. M. R. Tillard OP (Römisch-katholische Kirche), Kanada – Vorsitzender

Metropolit Dr. Bartholomew von Philadelphia (Ökumenisches Patriarchat), Türkei

Prof. John Deschner (Vereinigte Methodistische Kirche), USA

Prof. Ulrich Kühn (Bund der Evangelischen Kirchen in der DDR: lutherisch), DDR

Pfr. Dr. Jaci Maraschin (Bischöfliche Kirche), Brasilien

Prof. Wolfhart Pannenberg (EKD: lutherisch), BRD

Pfr. Dr. Horace O. Russell (Baptistenbund von Jamaika), Jamaika

Frau Mary Tanner (Kirche von England), England

Dekan Yemba Kekumba (Kirche Christi in Zaire – Methodistische Gemeinschaft), Zaire

Stab: Pfr. Dr. Günther Gaßmann (EKD: lutherisch), Direktor

Pfr. Dr. Hans-Georg Link

Archimandrit Dr. Gennadios Limouris
Frau Renate Sbeghen

Konsultation zum zweiten Artikel des Glaubensbekenntnisses „Wir glauben an den einen Herrn Jesus Christus" Kottayam/Indien, 14.-22. November 1984

Frau Dr. Roberta Bondi (Vereinigte Methodistische Kirche), USA
Frau Pfr. Janet Crawford (Kirche der Provinz von Neuseeland, anglikanisch), Neuseeland
Erzpriester Prof. George Dragas (Griechisch-orthodoxe Erzdiözese von Thyateira und Großbritannien/Ökumenisches Patriarchat), England
Erzpriester Dr. K. M. George (Orthodoxe Syrische Kirche des Ostens), Indien
Metropolit Dr. Paulos Mar Gregorios (Orthodoxe Syrische Kirche des Ostens), Indien
Pfr. Dr. H. B. Jackaya (Vereinigte lutherische Kirchen in Indien), Indien
Pfr. Dr. O. V. Jathanna (Kirche von Südindien), Indien
Pfr. Dr. M. J. Joseph (Syrische Mar-Thoma-Kirche von Malabar), Indien
Frau Marianne Katoppo (Reformierte Kirche), Indonesien
P. Joseph Koikakudy (Römisch-katholische Kirche), Indien
P. Jakob Kollaparambil (Römisch-katholische Kirche), Indien
Prof. Ulrich Kühn (Bund der Evangelischen Kirchen in der DDR: lutherisch), DDR/Österreich
Dr. Moises Mendez (Baptistenunion), Mexiko
Metropolit Dr. Mar Osthathios (Orthodoxe Syrische Kirche des Ostens), Indien
Pfr. Dr. Rienzi Perera (Anglikanische Kirche), Sri Lanka
Prof. Dietrich Ritschl (EKD: reformiert), BRD
Frau Vimla Subaiya (Kirche von Nordindien), Indien
Prof. Rowan Williams (Kirche von England), England

Stab: Pfr. Dr. Günther Gaßmann
Pfr. Dr. Hans-Georg Link
Frau Renate Sbeghen

Konsultation zum dritten Artikel des Glaubensbekenntnisses: „Wir glauben an den Heiligen Geist, die Kirche und das Leben der kommenden Welt", Chantilly/Frankreich, 3.-10. Januar 1985

Prof. Torleiv Austad (Kirche von Norwegen), Norwegen
Präsident Edward Czaijko (Vereinigte Evangelische Kirche), Polen
Prof. John Deschner (Vereinigte Methodistische Kirche), USA
Prof. Hermann Goltz (Bund der Evangelischen Kirchen in der DDR: lutherisch), DDR
Erzpriester Prof. Thomas Hopko (Orthodoxe Kirche in Amerika), USA
Frau Prof. Sung-Hee Lee (Presbyterianische Kirche in Korea), Korea

Frau Dr. Ann L. Loades (Kirche von England), England
Prof. Per Lønning (Kirche von Norwegen), Norwegen/Frankreich
Prof. Werner Löser (Römisch-katholische Kirche), BRD
Prof. Nicolas Lossky (Russische Orthodoxe Kirche), Frankreich
Frau Prof. Lauree Hersch Meyer (Kirche der Brüder), USA
Prof. Jürgen Moltmann (EKD: reformiert), BRD
Pfr. Dr. Martin Parmentier (Alt-Katholische Kirche), Holland
Pfr. Prof. Janos Pasztor (Reformierte Kirche in Ungarn), Ungarn
P. Michael Putney (Römisch-katholische Kirche), Neuseeland/Italien
Dr. Michael Root (Lutherische Kirche in Amerika), USA
Pfr. Dr. Horace O. Russell (Baptistenbund von Jamaika), Jamaika
Frau Veronica Swai (Evangelisch-lutherische Kirche in Tansania), Tansania
P. Prof. J.M.R. Tillard OP (Römisch-katholische Kirche), Kanada – Vorsitzender
Prof. Wolfgang Ullmann (Bund der Evangelischen Kirchen in der DDR: lutherisch),
   DDR
Erzpriester Prof. Livery Voronov (Russische Orthodoxe Kirche), UdSSR

Stab: Pfr. Dr. Günther Gaßmann
   Pfr. Dr. Hans-Georg Link
   Frère Max Thurian
   Vikar Dietrich Werner (Intern) (EKD: lutherisch)
   Frau Renate Sbeghen

Konsultation zum ersten Artikel des Glaubensbekenntnisses: „Wir glauben an den einen Gott", Kinshasa/Zaire, 14.-22. März 1985

P. John K.A. Aniagwu (Römisch-katholische Kirche), Nigeria
P. Prof. Dan-Ilie Ciobotea (Orthodoxe Kirche in Rumänien), Schweiz
Prof. Sigurd Daecke (EKD: lutherisch), BRD
Pfr. Dr. Efefe Elonda (Kirche Christi in Zaire – Jünger Christi), Zaire
Prof. Alasdair Heron (Kirche von Schottland), Schottland/BRD
P. Jonah Lwanga (Griechische Erzdiözese von Irinoupolis/Griechisch-orthodoxes
   Patriarchat von Alexandrien), Kenia
Mgr. Monsengwo Pasinya (Römisch-katholische Kirche), Zaire
Dr. Kjell Ove Nilsson (Kirche von Schweden), Schweden
Prof. Peder Nørgaard-Højen (Evangelisch-Lutherische Volkskirche in Dänemark),
   Dänemark
Frau Rosemary Nthamburi (Methodistische Kirche), Kenia
Prof. Owanga-Welo (Kimbanguisten-Kirche), Zaire
Frau Mary Tanner (Kirche von England), England
Prof. Günter Wagner (Baptistische Kirche), Schweiz
Prof. Geoffrey Wainwright (Methodistische Kirche von Großbritannien), USA
Dekan Yemba Kekumba (Kirche Christi in Zaire – Methodistische Gemeinschaft),
   Zaire

Stab: Pfr. Dr. Günther Gaßmann
Pfr. Dr. Hans-Georg Link
Frau Renate Sbeghen

Tagung der Leitungsgruppe für die Studie über den apostolischen Glauben, Crêt-Bérard/Schweiz, 28. Mai-2. Juni 1985

P. Prof. J.M.R. Tillard OP – Vorsitzender
Prof. John Deschner
Prof. Ulrich Kühn
Pfr. Dr. Jaci Maraschin
Prof. Wolfhart Pannenberg
Pfr. Dr. Horace O. Russell
Frau Mary Tanner
Dekan Yemba Kekumba

Stab: Pfr. Dr. Günther Gaßmann
Archimandrit Dr. Gennadios Limouris
Pfr. Dr. Hans-Georg Link
Frère Max Thurian
Frau Renate Sbeghen

Tagung der Kommission für Glauben und Kirchenverfassung, Stavanger/Norwegen, 13.-25. August 1985

Das Plenum der Kommission und fünf Arbeitsgruppen diskutierten und überarbeiteten den Entwurf für die „Auslegung" des apostolischen Glaubens.

Gemeinsame Konsultation Glauben und Kirchenverfassung/ Kirche und Gesellschaft, York/England, 1.-4. Mai 1986

Frau Dr. Svein Aage Christoffersen (Kirche von Norwegen), Norwegen
Herr Martin Conway (Kirche von England), England
Erzpriester Prof. George Dragas (Griechisch-orthodoxe Erzdiözese von Thyateira und Großbritannien/Ökumenisches Patriarchat), England
Pfr. Prof. Duncan Forrester (Kirche von Schottland), Schottland
Erzbischof John Habgood (Kirche von England), England
Prof. Dr. Anton Houtepen (Römisch-katholische Kirche), Niederlande
Prof. Jürgen Hübner (EKD: uniert), BRD
P. Michael Hurley (Römisch-katholische Kirche), Irland
P. Dr. Laurentius Klein (Römisch-katholische Kirche), BRD
Frau Dr. Mady Laeyendecker-Tung (Reformierte Kirche der Niederlande), Niederlande
Prof. Einar Sigurbjörnsson (Evangelisch-lutherische Kirche von Island), Island

ÖRK-Stab: Pfr. Dr. Günther Gaßmann
Pfr. Dr. David Gosling (Untereinheit „Kirche und Gesellschaft")
Pfr. Dr. Hans-Georg Link

Tagung der Leitungsgruppe für die Studie über den apostolischen Glauben, Westberlin/BRD, 9.-12. Juli 1986

P. Prof. J. M. R. Tillard OP — Vorsitzender
Prof. John Deschner
Prof. Ulrich Kühn
Pfr. Dr. Jaci Maraschin
Prof. Wolfhart Pannenberg
Pfr. Dr. Horace O. Russell
Frau Mary Tanner
Prof. Evangelos Theodorou (Kirche von Griechenland), neues Mitglied
Dekan Yemba Kekumba

Stab: Pfr. Dr. Günther Gaßmann
Archimandrit Dr. Gennadios Limouris
Pfr. Dr. Hans-Georg Link
Frère Max Thurian
Frau Renate Sbeghen

Tagung der Leitungsgruppe für die Studie über den apostolischen Glauben, Paris/Frankreich, 21.-27. April 1987

P. Prof. J. M. R. Tillard OP — Vorsitzender
Prof. John Deschner
Pfr. Dr. Jaci Maraschin
Prof. Peder Nørgaard-Højen, Berater
Prof. Wolfhart Pannenberg
Frau Mary Tanner
Prof. Evangelos Theodorou
Dr. Morris West (Baptistenunion von Großbritannien und Irland), Berater
Dekan Yemba Kekumba

Stab: Pfr. Dr. Günther Gaßmann
Frau Pfr. Dr. Irmgard Kindt (EKD: lutherisch)
Archimandrit Dr. Gennadios Limouris
Herr Hinrich Witzel (Intern) (EKD: lutherisch)
Frau Renate Sbeghen

Konsultation über „Die Lehre der Schöpfung und ihre Integrität – Eine Herausforderung an christliche Verantwortung heute", Porto Alegre/Brasilien, 13.-20. November 1987

Pfr. Joao Guilhermo Biehl (Evangelische Kirche L.B. in Brasilien), Brasilien
Pfr. Dr. Alain Blancy (Reformierte Kirche in Frankreich), Frankreich
Erzpriester Prof. Alkiviadis Calivas (Griechisch-orthodoxe Erzdiözese von Nord- und Südamerika/Ökumenisches Patriarchat), USA
Frau Pfr. Cornelia Coenen-Marx (EKD: uniert), BRD
P. Dr. German Correa (Römisch-katholische Kirche), Kolumbien
Frau Dr. Beatriz Melano Couch (Presbyterianische Kirche), Argentinien
Prof. John Deschner (Vereinigte Methodistische Kirche), USA – Vorsitzender
Erzpriester Prof. George Dragas (Griechisch-orthodoxe Erzdiözese von Thyateira und Großbritannien/Ökumenisches Patriarchat), England
Erzpriester Dr. Ion Dura (Rumänische Orthodoxe Kirche), Belgien
Frau Ana L. de Garcia (Lutherische Kirche), Costa Rica
Frau Pfr. Gladis Gassen (Evangelische Kirche L.B. in Brasilien), Brasilien
Bruder Jeffrey Gros (Römisch-katholische Kirche), USA
Frau Gisela von Heusinger (EKD: uniert), BRD/Schweiz
Frau Rose Jarjour (Evangelische Nationalsynode von Syrien und Libanon), Zypern
Pfr. Roberto Jordan (Presbyterianische Kirche), Argentinien
P. Prof. David Kapkin (Römisch-katholische Kirche), Kolumbien
P. Leonardo Martin (Römisch-katholische Kirche), Brasilien
Bischof Orlando Santos Oliveira (Bischöfliche Kirche), Brasilien
Prof. Milan Opocensky (Evangelische Kirche der Böhmischen Brüder), Tschechoslowakei
Pfr. Dr. Horace O. Russell (Baptistenbund von Jamaika), Jamaika
Pfr. Dr. David Trickett (Vereinigte Methodistische Kirche), USA
Pfr. Dr. Vitor Westhelle (Evangelische Kirche L.B. in Brasilien), Brasilien
Frau Pfr. Dr. Patricia Wilson-Kastner (Bischöfliche Kirche), USA
Dekan Yemba Kekumba (Kirche Christi in Zaire – Methodistische Gemeinschaft), Zaire

ÖRK-Stab: Erzpriester Georgij Glouchik (Russische Orthodoxe Kirche), Programm „Gerechtigkeit, Frieden und Bewahrung der Schöpfung"
Pfr. Dr. David Gosling (Kirche von England), Untereinheit „Kirche und Gesellschaft"

Stab: Pfr. Dr. Günther Gaßmann
Archimandrit Dr. Gennadios Limouris
Frau Renate Sbeghen

Dolmetscherinnen: Frau Elisabeth Delmonte
Frau Susana K. de Haynal

Konsultation über „Den gekreuzigten und auferstandenen Christus im heutigen gesellschaftlichen, kulturellen und ethischen Kontext bekennen", Rhodos/Griechenland, 4.-10. Januar 1988

Dr. Charles Amjad-Ali (Kirche von Pakistan, anglikanisch), Pakistan
Metropolit Dr. Bartholomew von Philadelphia (Ökumenisches Patriarchat), Türkei
P. Frans Bouwen (Römisch-katholische Kirche), Israel
Bischof Manas Buthelezi (Evangelisch-lutherische Kirche im südlichen Afrika), Südafrika
Erzpriester Prof. Nikolai Chivarov (Bulgarische Orthodoxe Kirche), Bulgarien
Erzpriester Prof. Dimitrios J. Constantelos (Griechisch-orthodoxe Erzdiözese von Nord- und Südamerika/Ökumenisches Patriarchat), USA
P. Jean Corbon (Römisch-katholische Kirche), Libanon
Prof. John Deschner (Vereinigte Methodistische Kirche), USA
Frau Pfr. Dr. Julia Gatta (Bischöfliche Kirche), USA
Frau Pfr. Dr. Beverley Gaventa (Jünger Christi), USA
Bruder Jeffrey Gros (Römisch-katholische Kirche), USA
Prof. Mark S. Heim (Amerikanische baptistische Kirchen), USA
Prof. Walter Kasper (Römisch-katholische Kirche), BRD
Frau Pfr. Lorna Khoo (Methodistische Kirche), Singapur
Frau Dr. Dimitra Koukoura (Kirche von Griechenland), Griechenland
Prof. Ulrich Kühn (Bund der Evangelischen Kirchen in der DDR: lutherisch), DDR
Frau Prof. Sung-Hee Lee (Presbyterianische Kirche in Korea), BRD
Prof. Nicolas Lossky (Russische Orthodoxe Kirche), Frankreich
Frau Dr. Eeva Martikainen (Evangelisch-lutherische Kirche in Finnland), Finnland
Pfr. Odair Pedroso Mateus (Presbyterianische Kirche), Brasilien
Prof. Alexei Ossipov (Russische Orthodoxe Kirche), UdSSR
Prof. Wolfhart Pannenberg (EKD: lutherisch), BRD
Pfr. Dr. Martin Parmentier (Alt-Katholische Kirche), Holland
Prof. Dietrich Ritschl (EKD: reformiert), BRD
Erzpriester Prof. John Romanides (Kirche von Griechenland), Griechenland
Pfr. Dr. William G. Rusch (Evangelisch-Lutherische Kirche in Amerika), USA
Pfr. Dr. Horace O. Russell (Baptistenbund von Jamaika), Jamaika
Prof. Josef Smolik (Evangelische Kirche der Böhmischen Brüder), Tschechoslowakei
Frau Mary Tanner (Kirche von England), England
P. Prof. J.M.R. Tillard OP (Römisch-katholische Kirche), Kanada – Vorsitzender
Dr. Andreas Tillyrides (Kirche von Zypern), Zypern
Dekan Yemba Kekumba (Kirche Christi in Zaire – Methodistische Gemeinschaft), Zaire

ÖRK-Stab: Prof. John Pobee (Kirche der Provinz von Westafrika (Ghana), anglikanisch), Programm für Theologische Ausbildung

Stab: Pfr. Dr. Günther Gaßmann
Frau Pfr. Dr. Irmgard Kindt

Archimandrit Dr. Gennadios Limouris
Frau Renate Sbeghen

Dolmetscherin: Frau Nathalia Chernyk

Gemeinsame Konsultation Glauben und Kirchenverfassung/ Kirche und Gesellschaft, „Schöpfung und Reich Gottes", Dublin/Irland, 6.-10. Mai 1988

Frau Julia Brosnan (Römisch-katholische Kirche), England
P. Denis Carroll (Römisch-katholische Kirche), Irland
Herr Richard G. Chambers (Vereinigte Kirche in Kanada), Kanada
Pfr. J.T. K. Daniel (Kirche von Südindien), Indien
Erzpriester Prof. George Dragas (Griechisch-orthodoxe Erzdiözese von Thyateira und Großbritannien/Ökumenisches Patriarchat), England
Pfr. Alan D. Falconer (Kirche von Schottland), Schottland/Irland
Pfr. Prof. Duncan Forrester (Kirche von Schottland), Schottland
Pfr. Dr. Gordon Gray (Presbyterianische Kirche in Irland), Irland
Kanonikus Prof. D.W. Hardy (Kirche von England), England
P. Michael Hurley (Römisch-katholische Kirche), Irland
Pfr. David Kerr (Methodistische Kirche in Irland), Irland
Erzbischof Dr. Aram Keshishian (Armenische Apostolische Kirche, Cilicien), Libanon − Vorsitzender
Frau Dr. Dimitra Koukoura (Kirche von Griechenland), Griechenland
Frau Marilia Leao (Methodistische Kirche in Brasilien), Brasilien
Dr. John May (Römisch-katholische Kirche), Irland
Frau Pfr. Martine Millet (Reformierte Kirche in Frankreich), Frankreich
Schwester Nektaria Paradissi (Kirche von Griechenland), Griechenland/Irland
Dr. Kjell Ove Nilsson (Kirche von Schweden), Schweden
Frau Dr. Turid Karlsen Seim (Kirche von Norwegen), Norwegen
Pfr. Arnold Temple (Methodistische Kirche), Irland
Frau Pfr. Dr. Patricia Wilson-Kastner (Bischöfliche Kirche), USA

ÖRK-Stab: Pfr. Dr. David Gosling (Kirche und Gesellschaft)
Archimandrit Dr. Gennadios Limouris (Glauben und Kirchenverfassung)
Frau Pfr. Dr. Freda Rajotte (Kirche und Gesellschaft)
Frau Barbara Loheyde, Konferenzsekretärin

Konsultation über „Ekklesiologie − Grundlegende ökumenische Perspektiven", Pyatigorsk/UdSSR, 22.-29. November 1988

Kanonikus Leopold Ankrah (Anglikanische Kirche), Liberia
Herr Sergei Bestchastniy (Russische Orthodoxe Kirche), UdSSR
Frau Dr. Roberta Bondi (Vereinigte Methodistische Kirche), USA
Erzpriester Prof. Emmanuel Clapsis (Griechisch-orthodoxe Erzdiözese von Nord- und Südamerika/Ökumenisches Patriarchat), USA

Pfr. Martin Cressey (Vereinigte Reformierte Kirche), England
Prof. John Deschner (Vereinigte Methodistische Kirche), USA
Bischof Prof. Noah K. Dzobo (Presbyterianische Kirche in Ghana), Ghana
Erzpriester Georgij Glouchik (Russische Orthodoxe Kirche), UdSSR
Erzpriester Prof. Nikolai Gundiaev (Russische Orthodoxe Kirche), UdSSR
Prof. E. Glenn Hinson (Südlicher Baptistenkonvent), USA
Erzpriester Prof. Thomas Hopko (Orthodoxe Kirche in Amerika), USA
Pfr. Roberto Jordan (Presbyterianische Kirche), Argentinien
Pfr. Dr. Abraham Kuruvilla (Syrische Mar-Thoma-Kirche), Indien
Prof. Nicolas Lossky (Russische Orthodoxe Kirche), Frankreich
Frau Dr. Zenaida P. Lumba (Methodistische Kirche), Philippinen
Pfr. Jalongos Manullang (Batak Protestantische Christliche Kirche: lutherisch),
    Indonesien
Frau Prof. Lauree Hersch Meyer (Kirche der Brüder), USA
Schwester Mary O'Driscoll OP (Römisch-katholische Kirche), Vatikan
Prof. Alexei Ossipov (Russische Orthodoxe Kirche), UdSSR
Frau Olga Ponamareva (Russische Orthodoxe Kirche), UdSSR
Mgr. John Radano (Römisch-katholische Kirche), Vatikan
Prof. John Reumann (Evangelisch-lutherische Kirche in Amerika), USA
Prof. Paolo Ricca (Waldenser-Kirche), Italien
Erzpriester Prof. John Romanides (Kirche von Griechenland), Griechenland
Bischof Dr. Paul-Werner Scheele (Römisch-katholische Kirche), BRD
Erzpriester Vassili Stoikov (Russische Orthodoxe Kirche), UdSSR
Pfr. Livingstone Thompson (Brüder-Unität auf Jamaika), Jamaika
P. Prof. J.M.R. Tillard OP (Römisch-katholische Kirche), Kanada
Prof. Wolfgang Ullmann (Bund der Evangelischen Kirchen in der DDR: lutherisch),
    DDR
Frau Prof. Dorothea Wendebourg (EKD: lutherisch), BRD

Stab: Pfr. Dr. Thomas Best
    Pfr. Dr. Günther Gaßmann
    Archimandrit Dr. Gennadios Limouris
    Frau Renate Sbeghen

Dolmetscher: Frau Nathalia Chernyk
    Herr Sergei Gordeev
    Herr Leonid Nechaev
    Frau Zinaida Nossova
    Frau Olga Piskunova

**Tagung der Leitungsgruppe für die Studie über den apostolischen Glauben,
Rom/Italien, 31. März-4. April 1989**

P. Prof. J.M.R. Tillard OP − Vorsitzender
Metropolit Dr. Bartholomew von Philadelphia

Prof. John Deschner
Prof. Ulrich Kühn
Frau Prof. Sung-Hee Lee-Linke (Presbyterianische Kirche in Korea), neues Mitglied
Pfr. Dr. Jaci Maraschin
Prof. Wolfhart Pannenberg
Pfr. Dr. Horace O. Russell
Frau Dr. Mary Tanner
Prof. Evangelos Theodorou
Dekan Yemba Kekumba

Stab: Pfr. Dr. Günther Gaßmann
Archimandrit Dr. Gennadios Limouris
Frau Renate Sbeghen

Konsultation über „Ökumenische Überlegungen zum Heiligen Geist in Schöpfung, Kirche und Geschichte", Würzburg/BRD, 12.-19. Juni 1989

Frau Prof. Anna Marie Aagaard (Dänische Evangelisch-Lutherische Volkskirche), Dänemark
Frau Pfr. Eva Brebovszky (Lutherische Kirche in Ungarn), Ungarn
Pfr. Dr. Keith Clements (Baptistenunion in Großbritannien und Irland), England
Pfr. Dr. Lothar Coenen (EKD: reformiert), BRD
Dr. Erskil Frank (Kirche von Schweden), Schweden
Frau Dr. Käte Gaede (Bund der Evangelischen Kirchen in der DDR), DDR
Frau Pfr. Jacqueline Grant (Afrikanische Methodistisch-Bischöfliche Kirche), USA
Kanonikus Prof. D.W. Hardy (Kirche von England), England
Pfr. Istvan Karasszon (Reformierte Kirche in Ungarn), Ungarn
P. Prof. Edward Kilmartin SJ (Römisch-katholische Kirche), Vatikan
Mgr. Prof. Aloys Klein (Römisch-katholische Kirche), BRD
Prof. Gregor Larentzakis (Griechisch-orthodoxe Erzdiözese von Österreich/Ökumenisches Patriarchat), Österreich
Frau Dr. Käthe La Roche (Schweizerischer Evangelischer Kirchenbund), Schweiz
Frau Prof. Sung-Hee Lee-Linke (Presbyterianische Kirche in Korea), BRD
Pfr. Dr. Harald Malschitzky (Evangelische Kirche L.B. in Brasilien), Brasilien
Frau Pfr. Martine Millet (Reformierte Kirche in Frankreich), Frankreich
Prof. Munduku Ngamayamu (Kirche Christi in Zaire), Zaire
Pfr. Samuel A. Piringer (Evangelische Kirche A.B. in der Sozialistischen Republik Rumänien), Rumänien
Pfr. L.H. Purwanto (Gereja Kristen Indonesia (reformiert)), Indonesien
Pfr. Dr. Robert F. Smith (Vereinigte Kirche in Kanada), Kanada
Bischof Dr. Paul-Werner Scheele (Römisch-katholische Kirche), BRD
Prof. Hans-Joachim Schulz (Römisch-katholische Kirche), BRD
P. Prof. J.M.R. Tillard OP (Römisch-katholische Kirche), Kanada – Vorsitzender
Frau Dr. Marja J. van der Veen-Schenkeveld (Reformierte Kirchen in den Niederlanden), Niederlande

Stab: Pfr. Dr. Günther Gaßmann
Archimandrit Dr. Gennadios Limouris
Frau Margot Wahl, Konferenzsekretärin

Dolmetscherinnen: Frau Renate Sbeghen
Frau Helga Voigt

Tagung der Kommission für Glauben und Kirchenverfassung, Budapest/Ungarn, 9.-21. August 1989

Das Plenum der Kommission und die Arbeitsgruppen diskutieren das Studiendokument „Den einen Glauben bekennen" und machen Vorschläge für die weitere Überarbeitung, die an die Leitungsgruppe für die Studie über den apostolischen Glauben weitergeleitet werden.

Tagung der Leitungsgruppe für die Studie über den apostolischen Glauben, Oxford/England, 3.-10. Januar 1990

P. Prof. J. M. R. Tillard OP – Vorsitzender
Pfr. Dr. Keith Clements – Berater
Prof. John Deschner
Prof. Ulrich Kühn
Frau Prof. Sung-Hee Lee-Linke
Pfr. Dr. Jaci Maraschin
Prof. Wolfhart Pannenberg
Frau Dr. Mary Tanner
Prof. Evangelos Theodorou
Dekan Yemba Kekumba

Stab: Frau Ursula Gieseke (Intern) (EKD: lutherisch)
Archimandrit Dr. Gennadios Limouris
Frau Renate Sbeghen

Tagung der Leitungsgruppe für die Studie über den apostolischen Glauben, Venedig/Italien, 3.-11. April 1990

P. Prof. J. M. R. Tillard OP – Vorsitzender
Pfr. Dr. Keith Clements – Berater
Prof. Ulrich Kühn
Frau Prof. Sung-Hee Lee-Linke
Pfr. Dr. Jaci Maraschin
Prof. Wolfhart Pannenberg
Pfr. Dr. Horace O. Russell
Frau Dr. Mary Tanner
Erzpriester Prof. Paul Tarazi (Griechisch-orthodoxes Patriarchat von Antiochien), USA, Berater

Prof. Geoffrey Wainwright (Methodistische Kirche von Großbritannien), USA,
Berater
Dekan Yemba Kekumba

Stab: Pfr. Dr. Günther Gaßmann
Archimandrit Dr. Gennadios Limouris
Frau Renate Sbeghen

**Tagung der Leitungsgruppe für die Studie über den apostolischen Glauben,
Dunblane/Schottland, 14.-16. August 1990**

P. Prof. J. M. R. Tillard OP – Vorsitzender
Metropolit Dr. Bartholomew von Chalzedon
Prof. John Deschner
Prof. Wolfhart Pannenberg
Pfr. Dr. Horace O. Russell
Frau Dr. Mary Tanner
Prof. Evangelos Theodorou
Dekan Yemba Kekumba

Stab: Archimandrit Dr. Gennadios Limouris
Frau Renate Sbeghen

**Tagung der Ständigen Kommission,
Dunblane/Schottland, 16.-24. August 1990**

Die Ständige Kommission hieß das Studiendokument „Den einen Glauben bekennen" gut und billigte seine Veröffentlichung, so daß es den Kirchen offiziell zum
weiteren Studium und zur Stellungnahme zugesandt und dann einer breiteren ökumenischen Öffentlichkeit zugänglich gemacht werden könne.

**Sitzung des Redaktionsausschusses zur Fertigstellung
des Studiendokuments, Rom/Italien, 15.-17. Dezember 1990**

Prof. Wolfhart Pannenberg
Frau Dr. Mary Tanner
P. Prof. J. M. R. Tillard OP – Vorsitzender

Stab: Pfr. Dr. Günther Gaßmann
Archimandrit Dr. Gennadios Limouris

Kirche und Welt

Die Einheit der Kirche und die Erneuerung der menschlichen Gemeinschaft

Studiendokument der Kommission für Glauben und Kirchenverfassung

1991, 96 Seiten, DM 15,–

Theologische Lehre und Handeln im Glauben gehören zusammen, sind aber oft in Erklärungen und Beschlüssen einander entgegengesetzt worden. Darum hat die Kommission für Glauben und Kirchenverfassung im Ökumenischen Rat der Kirchen sich dieser Herausforderung gestellt und ein entsprechendes Studienprogramm in die Wege geleitet. Die vorliegende Studie ist ein erstes Ergebnis dieses Programms, ein Schritt auf dem Wege zu einer Überwindung unangemessener Polarisierung und ein Beitrag zu einer lebendigen kohärenten ökumenischen Theologie. Sie greift Ergebnisse der Studien von „Glauben und Kirchenverfassung" auf und berücksichtigt Erkenntnisse des konziliaren Prozesses für Gerechtigkeit, Frieden und Bewahrung der Schöpfung.

Verlag Otto Lembeck, Frankfurt am Main

Die Diskussion über Taufe, Eucharistie und Amt 1982–1990

Stellungnahmen, Auswirkungen, Weiterarbeit
Herausgegeben vom Ökumenischen Rat der Kirchen
Kommission für Glauben und Kirchenverfassung

1990, 160 Seiten, DM 24,–

Das Dokument über Taufe, Eucharistie und Amt war als Ergebnis eines langen ökumenischen Studienprozesses 1982 von der Kommission für Glauben und Kirchenverfassung angenommen worden. In 31 Sprachen übersetzt und überraschend weit verbreitet, haben die Konvergenzerklärungen zu einem lebhaften Meinungsaustausch in den Gemeinden und zu konstruktiven und kritischen Beiträgen aus den Kirchen geführt. Hier liegt nun eine umfassende Zusammenstellung und Auswertung der 186 offiziellen Äußerungen vor, die dem Sekretariat für Glauben und Kirchenverfassung in Genf zugingen und mit deren Hilfe eine weitere Vertiefung der gemeinsamen Aussagen möglich wird.

Verlag Otto Lembeck, Frankfurt am Main
Bonifatius Druck – Buch – Verlag, Paderborn

Miguel Mª Garijo-Guembe / Jan Rohls / Gunther Wenz

Mahl des Herrn

Ökumenische Studien

1988, 340 Seiten, Paperback, DM 68,–

Die Epoche des Konfessionalismus ist vorüber, das Christentum in sein ökumenisches Zeitalter eingetreten. Der gegenwärtige Stand des Dialogs der Kirchen gibt trotz aller Verzögerungen und partieller Rückschritte berechtigten Anlaß zu der Hoffnung, daß der Fortgang der Geschichte diesen Befund bestätigen werde. Einen wichtigen Beleg hierfür erbringen die Diskussionen um das Herrenmahl, die eines der Zentren des gegenwärtigen ökumenischen Gesprächs darstellen. Die mittlerweile erzielten Ergebnisse erlauben es nicht länger, das Mahl des Herrn allein aus der Sicht der eigenen konfessionellen Überlieferung zu betrachten. Gleichwohl wäre es ein schwerer Verlust für die Christenheit, wenn die Eigentümlichkeiten konfessionsspezifischer Perspektiven in Vergessenheit gerieten. Dies zu verhindern und zugleich einer Ökumene versöhnter Verschiedenheit zu dienen ist Ziel der drei in diesem Bande vereinten Studien.
Miguel Mª Garijo Guembe, Professor für Ökumenische Theologie an der Katholisch-Theologischen Fakultät der Friedrich-Wilhelms-Universität Münster, thematisiert das Altarsakrament nach römisch-katholischem Verständnis, wobei er gleichzeitig den Mangel auszugleichen versucht, der durch das Fehlen einer speziellen Darstellung der eucharistischen Theorie und Praxis der Orthodoxie bedingt ist. Jan Rohls, Privatdozent für Systematische Theologie an der Evangelisch-Theologischen Fakultät der Ludwig-Maximilians-Universität München, stellt die Lehre vom Herrenmahl nach den Grundsätzen evangelisch-reformierter Bekenntnistradition dar. Gunther Wenz, Ordinarius für Evangelische Theologie mit Schwerpunkt Systematische Theologie und theologische Gegenwartsfragen an der Universität Augsburg, entwickelt Grundzüge evangelisch-lutherischer Abendmahlslehre. Dabei werden biblisch-dogmengeschichtliche Zusammenhänge jeweils gebührend berücksichtigt, wenngleich das primäre Interesse der Studien kein historisches oder exegetisches, sondern ein systematisches ist.

Verlag Otto Lembeck, Frankfurt am Main
Bonifatius Druck – Buch – Verlag, Paderborn